Helge Sobik

Das letzte Postamt diesseits des Polarsterns

Finnische Fundstücke

Helge Sobik

Das letzte Postamt diesseits des Polarsterns

Finnische Fundstücke

Picus Lesereisen

Picus Verlag Wien

4. Auflage 2008

Grafische Gestaltung: Dorothea Löcker, Wien
Umschlagabbildung: Foto © Helge Sobik
Druck und Verarbeitung: Remaprint, Wien
ISBN 978-3-85452-763-3

Informationen über das aktuelle Programm
des Picus Verlags und Veranstaltungen unter
www.picus.at

Inhalt

Diesseits des Polarsterns

Ein Leben im Geheimen: die letzten Schamanen des Nordens

Ihr Haus gibt es hundertmal. Tausendmal. Es ist wie alle in Nordfinnland. Aus Holz, im Wald, hat CD-Spieler, Mikrowelle und keine Gardinen an den Fenstern. Das Haus ist fest in der Gegenwart fundamentiert. Die Vergangenheit ist zweihundert Meter entfernt und steht im Hof: die Jurte der Samen. In diesem Zelt hat das Jetzt keinen Platz, denn hier reist Maarit Paadar im Licht des Lagerfeuers weit zurück ins Dunkel der Zeiten, als Mensch und Wind noch miteinander reden konnten. Hier schlägt sie die Trommel der Schamanen und singt die *joiks*, die samischen Lieder vergangener Jahrhunderte. Hier erzählt sie die Geschichten ihrer Vorfahren aus den Zeiten, als die Kinder in Lappland noch mit den Geistern spielen und die Erwachsenen mit den Tieren sprechen konnten. Für manche ist es in den dünn besiedelten Weiten Nordfinnlands noch heute so. Maarit Paadar gehört dazu.

Irgendwo in der Ferne bellt ein Hund. Aus der Jurte steigt Rauch in den Himmel und in ihrer Mitte knistert das Feuer, auf dem Maarit Lachssuppe für ihre Gäste kocht. Die zurückhaltende, vielleicht 55-jährige Frau mit dem dünnen, dunklen Haar hockt auf einem Baumstumpf, lächelt und wippt mit ihren Schuhen aus Rentierfell. Ihre Augen blicken in die Flammen, als lüden sie sich auf und saugten dort Energie. »Manchmal«, erzählt sie, »treffen wir uns hier mit den samischen Familien der Umgebung, singen, lachen. Und reisen in Gedanken in die Vergangenheit.«

Maarits Muttersprache ist Nord-, die ihres Mannes Intoo ist Inarisamisch, und als sich die beiden kennen lernten, konnten sie sich nicht in ihren Sprachen miteinander unterhalten. Zu unterschiedlich sind die insgesamt vier verschiedenen Idiome der Ureinwohner Lapplands. Maarit und Intoo mussten auf Finnisch flirten. Heute haben sie drei Kinder, die die Sprachen ihrer Eltern verstehen, aber nicht mehr sprechen – und sechs Enkel, die ihre Großeltern lieben, doch mit Samisch nichts mehr anfangen können.

Wenn die Enkel in Inari fast vierhundert Kilometer nördlich des Polarkreises zu Besuch sind, erzählt Maarit Geschichten. Sie muss sie nicht vorlesen. Sie braucht kein Märchenbuch. Sie hat die Geschichten selbst erlebt, denn als Maarit jung war, zeigten sich die Geister häufiger als heute. Früher, wenn sie mit ihrer Mutter Schafe zum Tenojoki-Fluss in Nordlappland brachte, kamen ihnen Herden bunt gescheckter Schafe entgegen, die von menschlichen Wesen in roter Tracht begleitet wurden. Die Samen tragen traditionell blaue Kluft – die Farbe Rot ist Göttern und Geistern vorbehalten, und gescheckte Tiere besitzen ebenfalls nur die Götter: »Die Fremden kamen uns bis auf fünfzig Meter nahe, ehe sie plötzlich verschwanden. Diese Wesen kannst du nur sehen, wenn du ihnen direkt entgegenschaust. Von der Seite sind sie unsichtbar. Sie verschwinden durch Ritzen zwischen den Felsen in die Unterwelt, wo alles spiegelbildlich zu unserer Welt existiert. Die Wesen leben nicht und sie sind nicht tot. Sie sind. Und manche Menschen können mit ihnen kommunizieren.« Sie deutet ein Kopfnicken an, als wollte sie ihre Worte unterstreichen.

Früher brauchte man dazu die Hilfe der Schamanen, der Religionsführer, die sich mit Fliegenpilzgift in tranceartige Rauschzustände versetzt haben. *Noaidi* wurden sie genannt. Heute gibt es die samische Religion nicht mehr. Christliche Missionare haben sie ausgerottet, die Weltenwanderer ermordet, ihre Kultgegenstände verbrannt. Heute existiert keine einzige der alten, mit Symbolen verzierten Schamanentrommeln mehr in Lappland. Die wenigen, die das Feuerinferno der christlichen Mordbrenner überstanden haben, befinden sich in Museen im Ausland.

Nur etwa fünftausend Samen sind noch heute in Nordfinnland zu Hause, die meisten zwischen Inari und Utsjoki im äußersten Norden des Landes. Sie bilden eine eher verschlossene Gemeinschaft. Viele samische Familien gehen wie früher überwiegend ihren traditionellen Berufen als Rentierzüchter oder Fischer nach. Ihre Vorfahren waren Nomaden und zogen mit ihren Rentieren jahrhundertelang über Staatsgrenzen hinweg durch die kargen Weiten im äußersten Norden Skandinaviens. Heute leben sie in Häusern, die sich von denen ihrer nichtsamischen Nachbarn nicht mehr unterscheiden, und lediglich die Männer begleiten im Hochsommer ihre Herden – ohne die Grenze nach Russland zu verletzen, die den Osten Lapplands vom Rest des samischen Gebiets abgeschnitten hat und heute so unüberwindbar ist wie vor fünfzig Jahren. Viele junge Samen bekennen sich nicht mehr zur Kultur ihrer Väter, haben die Trachten abgelegt, wollen die Herden der Familie nicht übernehmen, sondern suchen ihr Glück im Süden, wo die Wintertage ein bisschen heller und ein bisschen wärmer sind. Und wo das Leben weniger hart ist.

Schon lange gibt sich in Finnisch-Lappland niemand mehr als Schamane aus. Zu lebendig ist die Erinnerung an die Gräueltaten, die den Weisen widerfuhren. Doch der samische Glaube lebt im Verborgenen hinter einer Mauer des Schweigens fort – und in den Seelen der Menschen, die ihren Naturgöttern nie völlig abgeschworen haben.

Noch heute opfern die Samen ihren Geistern, die offiziell Geschichte sind und insgeheim den Alltag bestimmen. Maarit kennt über ein Dutzend solcher Opferplätze in der Umgebung, und ihre hochbetagte Mutter reibt jedes Frühjahr einen heiligen Stein am Ufer des Inari-Sees mit dem Fett des ersten gefangenen Lachses der neuen Saison ein, um das Wohlwollen von Geistern und Göttern zu erbitten.

In vielen Details hat der alte Glaube überlebt: Nie würde ein Same einen Wacholder verletzen, nie einen Ast davon abbrechen, nie mit diesen Zweigen Fisch räuchern. Wacholder ist die heilige Pflanze der Spiegelwelt und gehört den Geistern. Nur ihre reifen Beeren darf man ernten – die unreifen sind tabu. Ihre Mutter war aufgebracht, als die kleine Maarit im Alter von vier, fünf Jahren einmal mit einem Wacholderzweig in der Hand nach Hause kam. Sie musste zu der Stelle zurückgehen, wo sie ihn abgebrochen hatte und ihn dort in die Erde stecken, damit die Geister ihn selber mitnehmen konnten. Noch heute werden samische Kinder erzogen, Wacholder nicht anzurühren. Die neue Welt hat sich dem Glauben von einst angepasst: In Lappland steht dieser Strauch inzwischen offiziell unter Naturschutz.

»Für uns gibt es Vögel, die Glück, und solche, die Unglück bringen«, erzählt Maarit. »Specht und Kuckuck bringen Unglück, und kommt ein Schneehuhn auf den Hof und bleibt, dann bringt es den Tod mit. Glück bringt der Kuovso-Vogel.« Auf Deutsch heißt er Unglückshäher. Sein finnischer Name ist schöner. Er bedeutet »Morgenröte«.

»Heute fehlt den meisten Menschen die Begabung, auf die innere Stimme und die Natur zu hören. Ihnen fehlt die Zeit und die Ruhe, zu fühlen, was um sie herum, unter und über ihnen geschieht«, sinniert Maarit. »Die Älteren haben Ahnungen. Wissen noch manchmal im Voraus, was geschehen wird. Spüren zum Beispiel, wenn sie Besuch bekommen werden. Das sind Reste des viel größeren Wissens von einst.«

Zwei Frauen oben in der Gegend von Utsjoki gibt es noch, die zwischen den Welten wandern können und es nur im Verborgenen tun. Fragte man sie, ob sie Schamaninnen seien – sie würden es bestreiten. Und milde lächeln. Von zwei, drei anderen bei Sevettijärvi weiter im Osten hört man vage. Die Flammen der geistlosen Missionare haben das Vertrauen für Jahrhunderte zerstört. Das Tor zur Welt der Götter und Geister existiert im Geheimen weiter, und manchmal spiegelt es sich in Maarit Paadars Augen. Sie erzählt viel. Und sie weiß mehr: Dinge, die sie niemals einem Fremden sagen würde.

Die Namen lebender Weltenwanderer sind tabu, die der Toten darf man preisgeben. Antti Helander war einer von ihnen – einer der letzten Schamanen Lapplands. Er hatte die Kraft der Jahrtausende. Vor drei Jahren ist er neunzigjährig in Karasjoki gestorben. »Er hatte die Gabe, mehr zu hören und zu wissen als andere«, sagt Maarit, die ihn viermal besucht hat, um von Helander etwas über das Leben der Samen in fernen Zeiten zu erfahren. Oft hat er die Jüngeren um sich geschart, um sein Wissen weiterzugeben. »Obwohl sein Haus mitten im Dorf war, gab es dort keinen Strom. Antti hat sich geweigert, einen Anschluss gelegt zu bekommen. Elektrizität, sagte er, könne das Böse ins Haus hineinbringen.«

Was hat Maarit von ihm gelernt, was hat er ihr weitergegeben? Sie schweigt lange und lächelt ebenso lange, bis sie doch etwas sagt: »Ich kann mich mit der Kraft meiner Gedanken an andere Orte versetzen und Intoo von dieser Jurte aus bei der Rentierscheidung in vielen Kilometern Entfernung zusehen. Ich kann dabei sein, ohne hinzufahren.« Es ist ihr nicht recht, sich das sagen zu hören. Lieber hätte sie es nicht erwähnt. Sie rührt mit ihrem Holzlöffel in der Lachssuppe, als würden zu viel gesprochene Worte darin versinken können. Und irgendwann erzählt sie doch weiter: Als Kind habe sie oft mit den Geistern gespielt, mit Kindern aus der Unterwelt und mit den wilden Tieren des Waldes – immer zur selben Uhrzeit auf derselben Lichtung im Wald. Die fremden Mädchen haben rote Tracht getragen und hatten dieselben Spielsachen. Sie haben miteinander getanzt, gelacht, gesungen – bis die geheimnisvollen Kinder eines Tages nicht mehr kamen. Maarit hat später einen *joik* darüber geschrieben, ein samisches Lied, dessen Töne tief in der Kehle geformt werden und dessen Worte für Fremde unverständlich sind.

Sie hält ihre Trommel an die Flammen des Lagerfeuers, damit sich das Leder in der Hitze spannt und den richtigen Klang bekommt, streicht mit der flachen Hand den Rhythmus ihres *joiks* auf das Fell, schlägt kräftiger, beschleunigt, als trommelten hunderte Rentierhufe dumpf auf moorigen Waldboden. Sie schließt die Augen, singt voller Tiefe, voller Leidenschaft, als riefe ihre Stimme die Geisterkinder herbei, als höbe ihr Lied die Grenze zwischen den Welten auf. Als könnte man die Erdanziehung ausknipsen und für die Dauer einer Strophe schweben.

Joiks klingen so ähnlich wie die Gesänge der nordamerikanischen Indianer, und die ältesten dieser Lieder erzählen Geschichten aus der Zeit, als Schamanen noch alltäglich waren. »So lange über einen Menschen *gejoikt* wird, so lange lebt er fort«, sagt Maarit. Eltern schreiben Lieder für ihre Kinder, Kinder welche für die Eltern, Freunde über andere Freunde. Immer gilt eine Regel: Wem das Lied gewidmet ist, der darf es niemals selber singen.

Maarit hat eines über die Geister geschrieben, die auf ihrer Schulter sitzen. Es ist ihr Lieblingslied. Beim *joiken* spürt sie sie. Sie kommen aus der Spiegelwelt, wo alle Rentiere bunt gescheckt sind und die Wesen rote Tracht tragen. Sie sind in Verbindung geblieben – lange nachdem sie nicht mehr auf derselben Lichtung miteinander spielen. Sie hockt auf ihrem Baumstumpf am Feuer. Sie schaut herunter auf den Boden der Jurte. Auf etwas, das nur sie sehen kann. Für andere ist dort nichts. Sie aber schaut. Und schaut. Und lächelt.

Erst von 1980 an ließen die ersten Pastoren in Lappland zu, dass auch in ihren Gottesdiensten *joiks* gesungen werden. In manchen Gemeinden ist es heute noch tabu, gilt als heidnisch, als Ausdruck von Unkultur, doch die Grenzen weichen auf und die Kirchenleute von heute haben nur das Symbol des Kreuzes mit den Missionaren von einst gemein. 1992 hat Maarit das erste Mal in ihrer Gemeindekirche *gejoikt*. »Heute gibt keiner offen zu, zu den alten Geistern zu beten. Aber in die Kirche geht auch kaum einer.« Maarit lächelt wieder. »Für mich ist die Kirche die Natur der Umgebung. Die Fjälle und Wälder sind mein Altar, die Vögel und der Wind meine Orgel. In der Natur fühlst du dich so klein. Und so beschützt. Einmal habe ich in der Kirche das Gefühl von etwas Höherem gehabt – als ich länger als eine Stunde in Nôtre-Dame in Paris gesessen und zu den Fenstern hinaufgeschaut habe. Es war dasselbe Gefühl wie sonst im Lappenzelt oder in der Natur.«

Wenn heute samische Freunde zu Besuch sind, dann sitzen sie lieber in der Jurte beisammen als im Haus, spielen miteinander das Kartenspiel *tuppi* und kochen Fisch nach alten Rezepten. Und manchmal bereitet Maarit schon am Nachmittag traditionelle *kumpus* zu, Klößchen aus Rentierblut. Selbst wenn sie niemandem zuvor davon erzählt, stehen plötzlich die Kinder aus der Nachbarschaft bei ihr an der Tür. »Sie lieben meine *kumpus*.« Sie lächelt und wippt wieder mit den Fellschuhen.

»Früher befasste man sich mit den Problemen der Menschen, die man kannte. Man half sich gegenseitig. Heute wird man mit den Problemen wildfremder Menschen konfrontiert und kann nichts tun. Im Fernsehen. Rund um die Uhr.« Maarit verachtet das Fernsehen. Die Stimmen, die aus dem Flimmerkasten sprechen, haben wenig auszusagen und nichts mit ihrem Alltag zu tun, nichts mit ihren Erinnerungen, wenig mit ihrer Zukunft. »Früher brauchte niemand den Fernseher. Da haben sich Samen und Finnen am Lagerfeuer Geschichten erzählt.

Manche wahr. Manche weniger wahr. Das war schön.«

Als das letzte Mal samische Freunde zu Besuch waren, kam Intoo Paadar verspätet dazu: »Ich war draußen bei meinen Rentieren in den Fjälls«, erzählte er, »und habe am Horizont wieder die Herden aus der Spiegelwelt entlangziehen sehen. Sie kommen plötzlich und verschwinden ebenso plötzlich. Es sind weiße Tiere mit schwarzen und braunen Flecken.« Die anderen freuten sich. Sie kennen den Anblick.

Seit ein paar Monaten haben die Paadars ein solches bunt geschecktes Ren in ihrer Herde. Kein Same zweifelt daran, dass es ein Geschenk der Götter aus der Spiegelwelt ist, ein Zeichen für großes Glück: »Es war plötzlich da. Niemand hat die Geburt gesehen, und es gibt kein Muttertier.« Intoo nippt Kaffee aus seiner geschnitzten Holztasse und blickt in die Flammen des Lagerfeuers. Die Geschichte ist kein Späßchen. Intoo wartet auf kein Lachen. Er hat aus seinem Alltag erzählt. Die Anwesenden wissen es. Maarit schließt die Augen und ihre Züge entspannen sich, als lächelte die Seele.

Frostige Ferien im Bett aus Eis

Vom (Selbst-)Versuch, eine Nacht im Iglu dreihundert Kilometer nördlich des Polarkreises zu verbringen

Kann man auf eine Nacht im Iglu hinfiebern? Oder fröstelt man darauf zu? Kann es sein, dass man irgendwann von zu Hause, vom warmen Wohnzimmer aus, eine Urlaubsnacht im Quartier aus Eis gebucht und plötzlich gar keine Lust mehr darauf hat, wenn man über dreihundert Kilometer nördlich des Polarkreises in Finnisch-Lappland eingetroffen ist und wirklich in sein eisiges Quartier einchecken soll? Dass man sich fragt, was man sich denn nun schon wieder eingebrockt habe und insgeheim nach Ausflüchten sucht, den eigenen Plan möglichst unauffällig rückgängig zu machen?

Wäre die Iglu-Aktion doch nur für den Vortag vorgesehen gewesen. Da war es warm – nur minus ein Grad, völlig unüblich für einen Februartag in diesen Breiten. Nun aber kam die Kälte zurück – und hätte sie ein Gesicht, sie würde höhnisch grinsen: Minus 21 Grad Außentemperatur zeigt das Thermometer inzwischen.

Im gut geheizten Restaurant gegenüber vom Iglu-Dorf Kakslauttanen bei Ivalo trippeln die eigenen Füße unterm Tisch trotz dicker Thermostiefel hin und her. Sie tun das, um die Zehen warm zu halten, ohne dass denen kalt sein müsste. Gerade hatte ihnen das Nervensystem befohlen, schon mal vorsorglich zu erfrieren. Spätestens das wäre dann ein guter Vorwand, die Nacht im Iglu doch noch abzublasen. Die elegante Ausrede für den Rückzug aus einer Gegend, wo sich Rentier und Schlittenhund Gute Nacht sagen.

Kakslauttanen liegt viereinhalb Autostunden nördlich der Lappland-Hauptstadt Rovaniemi, eine halbe Fahrtstunde südlich von Ivalo. Ausgerechnet dort hat Jussi Eiramo sein Iglu-Dorf eröffnet. Im Sommer vermietet der bärtige Hüne Blockhäuser, im Winter zusätzlich selbst gebaute Iglus. Vor dreizehn Jahren hat er erstmals eine Schneehöhle gegraben, ein paar Rentierfelle hineingeworfen und das Quartier an abenteuerlustige Fremde aus dem Süden vergeben. Seitdem wächst das Interesse an der Kälte von Jahr zu Jahr. Achtzehn Iglus hat der Wildnishotelier dieses Jahr gebaut, jeder mit Platz für vier Personen, jeder mit halbmeterdicken Wänden aus Eis und etwa acht bis zehn Quadratmetern Grundfläche, dazu eine Eiskirche mit Eisaltar. Dreißig Trauungen sind dort für diesen Winter schon gebucht. Durchführen wird sie der Pastor aus dem Nachbarort Saariselkä. Und für die Nacht danach gibt es erstmals einen Honeymoon-Iglu. Der ist ein bisschen flauschiger als die anderen – mit noch mehr Rentierfellen auf dem Eisbett und netter Deko, damit die richtige Kuschelatmosphäre aufkommt.

»Wer einen Iglu bucht«, sagt Eiramo, »der tut das für eine Nacht und erfüllt sich damit einen Kindheitstraum. Niemand verbringt die ganzen Ferien im Eisquartier.« Vor allem Japaner seien ganz heiß auf die Kälte, Finnen dagegen eher desinteressiert: »Wer sowieso in der Kälte aufwächst, träumt eher vom Warmen«, philosophiert Eiramo. Seine Gäste kommen aus Mittel- und Südeuropa, sogar aus Dubai, aus Australien, Argentinien und China. 103 Euro pro Person kostet die Nacht im Iglu – Frühstück inklusive, viel heißer Kaffee ebenfalls. Bis Anfang Mai ist sein Eisdorf geöffnet. Danach holt sich der Frühling die vergänglichen Bauten.

Das Menü im Restaurant sieht nach Rentiergulasch diesen Abend ausgerechnet Eis als Dessert vor. Mit Vanillegeschmack. Und mit arktischen Moltebeeren. Ein freundlich-ironischer Vorgeschmack auf das nahende Schicksal.

Kann es sein, dass man am Vorabend der Übernachtung im Schnee den Aufenthalt im Gasthaus mit Kunstgriffen in die Länge zieht, nur um nicht in den gebuchten Iglu umziehen zu müssen? Nach dem Essen einen Likör, danach noch einen Cappuccino, und weil sich ein Cappuccino im Magen einsam fühlt vielleicht doch noch zwei weitere. Hauptsache nicht vor die Tür treten. Dann etwas zum Knabbern. Und noch etwas bleiben, weil man sich so nett mit der Gruppe Franzosen und dem spanischen Pärchen unterhält, denen dasselbe Schicksal bevorsteht. Je später die Stunde, desto gemütlicher das Restaurant. Schade, dass es irgendwann schließt. Schlimm, dass die finnische Wetterfee im Fernseher an der Wand zum Abschied so gemein guckt, während sie in den Spätnachrichten ein letztes Mal die Vorhersage von sich gibt: »Tiefsttemperaturen in der Nacht in Südfinnland minus zwei in Lappland um minus zwanzig, im Raum Ivalo bis zu minus 28 Grad.«

Alljährlich Ende November beginnen die Bauarbeiten für das Iglu-Dorf. Aus Flusswasser gewonnener Kunstschnee wird mit Hochdruck auf ein kuppelförmiges Aluminium-Fertighäuschen gespritzt. Sechs Stunden später trägt die Substanz, so dass die Blechschablone von einem Traktor unter dem Schnee herausgezogen werden kann und der Iglu steht. Nur die Front muss dann noch angefügt werden. »Kunstschnee ist deutlich wasserreicher als herkömmlicher Schnee und deshalb um ein Vielfaches stabiler«, erklärt Eiramo. »Du kannst mit einem Motorschlitten über unsere Iglus donnern, und nichts wird geschehen.«

Selbst Stromleitungen haben Eiramo und seine Mitstreiter dieses Jahr in die bläulich weiße Masse eingegossen, um Halogenlampen ins blankpolierte Eis der Nachttischchen im Iglu einlassen zu können. Nur die anderthalb Meter hohen Türen sind aus Holz, das mit Seehundfellen bespannt ist, und über den Betten prangen kleine bunte Wandteppiche, um fröhliche Farben ins Weiß zu bringen.

Die Nachtlager sind ebenfalls aus Kunstschnee, in dessen oberste Schicht eine Kälteschutzmatte aus Spezialplastik eingelegt ist. Eine dünne Matratze ist mit Rentierfellen bedeckt, auf denen wiederum Lammhaardecken ausgebreitet sind.

Die Deko für das Nachttischchen wird per Schubkarre angeliefert und ist zwölf Kilo schwer: ein Bär aus blankpoliertem Eis – geschaffen vom finnischen Künstler Teuvo Tuomivaara, der sich drei Stunden lang mit Motorsäge und Lötkolben an jeder Skulptur zu schaffen macht. Halten wird sie bis Mai, bestaunt werden wird sie bis dahin täglich.

Am Nachmittag noch hatten die Iglu-Mieter der kommenden Nacht ihre Quartiere inspiziert, deren Innentemperatur zwischen minus drei und minus sechs Grad schwanken kann, aber nicht darunter fällt. Im Thermoanzug haben sie Probe gelegen, dabei Spaß gehabt, gelacht, gewitzelt – und sich insgeheim gefragt, ob sie sich wirklich für die ganze Nacht darauf einlassen sollten, haben im Geiste erste Ausreden vor sich selbst erwogen und Fluchtmöglichkeiten gecheckt. Trost böte im Fall der Fälle nur das ganzjährig stabil installierte Klohäuschen am Rand der Anlage – ein karger und plötzlich doch sehr gemütlicher Ort, voller Charme sozusagen. Und vor allem beheizt.

In einem Meter neunzig Höhe wippt ein erschossener Rotfuchs über den beleuchteten Waldweg vom Restaurant Richtung Eisdorf. Unter der sandfarbenen Pelzmütze naht Iglu-Pionier Eiramo, im Gefolge die Schar der letzten Restaurantgäste bei der Übersiedelung in ihre Iglus. Die Mutigeren sind vorausgegangen und schlummern bereits selig in ihren Daunenschlafsäcken auf Lammhaar auf Rentierfell auf Matratze auf Spezialbeschichtung auf Eis. Alle anderen geleitet diesen Abend der Chef zum Bett. Diskret verschweigt er, dass er kurz darauf in seinem beheizten Wohnhaus verschwinden und es sich vorm Kamin gemütlich machen wird, während sie ihre Ausrüstung ausbreiten: ein paar Lagen T-Shirts, Schal, Sicherheitsschal, Reserve-Sicherheitsschal, Wollsocken, Extra-Wollsocken, Reserve-Extra-Wollsocken.

Hektisch rennen die Iglu-Crews im Schnee hin und her, legen Spurts ein, hüpfen: ein paar Minuten lang Turnübungen im Freien, den Körper nochmal richtig aufheizen, ins Schwitzen geraten, danach sofort in den Daunenschlafsack – so hatte Eiramo es ihnen geraten, um besonders gut gegen das Auskühlen vorzubeugen. Für die passende Gute-Nacht-Musik zum Freiluft-Sportprogramm sorgen die Huskies der benachbarten Farm. Im Dutzend stimmen sie Wolfsgeheul unterm Sternenhimmel an.

Kein Laut davon ist im Iglu zu hören. Die Kunstschneewände schlucken jedes Geräusch. Beim Betreten des Eisquartiers beschlägt die Brille. Der Schleier ist Beweis für den 15-Grad-Temperatursprung von minus 21 Grad Außentemperatur auf frostigwarme minus sechs Grad im Iglu. Nie hätte man geahnt, dass Minusgrade so kuschelig sein können. Und auch einen Trost kann man sich einreden: Es wäre schlimmer, draußen schlafen zu müssen.

Der Kopf ist in eine Sturmhaube gezwängt, wie sie sonst nur zur Dienstkluft von Bankräubern gehört: eine bis zum Hals heruntergezogene Mütze mit Schlitzen für Lippen, Nase, Augen. Der Daunenschlafsack ist stramm zugezogen, die Kapuze über den Kopf geklappt. Anfällig für Platzangst sollte man nicht sein.

Wer eben noch müde war, ist plötzlich wieder wach, lauscht auf Geräusche, horcht, ob der Schnee knirscht, das Eis krächzt, ob Tropfen von der Decke herabtrommeln, spitzt die Ohren und merkt, dass es nichts zu hören gibt. Geheimnisvoll-bläulicher Schein des Lichts aus dem Hof dringt durch die Eiswände, als würde man in einer trockenen Glasglocke unter Wasser wohnen und durch die Zimmerwände in die Fluten schauen können. Nach und nach melden Arme, Beine, Nasenspitze und Nieren ans Gehirn, »alle noch vorhanden, Durchblutung okay«. Zehen und Finger geben ebenfalls Vollzähligkeit an die Zentrale durch. Der Kopf beschließt, das Winterschlafprogramm zu fahren: bloß nicht bewegen, keine Energieverluste riskieren, embryonale Haltung im Schlafsack unverändert beibehalten, kurz darauf wieder Rundruf an Organe und Gliedmaßen, Abfrage, ob immer noch alle am Leben sind, alle paar Minuten erneute körperweite Umfrage. Nach einer Stunde kehrt die Müdigkeit zurück – weil der Kopf eingesehen hat, dass keine Gefahr besteht: Die Kälte dringt nicht bis in den Schlafsack, bringt nicht den Tod und es spricht nichts mehr dagegen, endlich einzuschlafen.

Irgendwann meldet sich die Blase und möchte das beheizte Klohaus testen. Die Brillengläser sind mit einer dünnen Eisschicht überzogen, die Armbanduhr zeigt völlig unerwartet bereits halb neun Uhr morgens, und in einer Stunde wird die Sonne in Lappland aufgehen. Durchgeschlafen im Eis, Zeit zum Aufstehen: Experiment geglückt, Iglu-Urlaub überlebt! Eigentlich war es sogar gemütlich. Und spannend. Gar nicht schlimm. Eine echte Herausforderung. Eine Erfahrung sowieso. Und echt cool. Eine todesmutige Heldentat mit Weitererzählwert und Schulterklopfgarantie.

Im Blockhaus-Restaurant gegenüber dampft der Kaffee. Gestern Abend haben die Kellnerinnen bei der Verabschiedung Richtung Iglu mitleidig gelächelt und »viel Spaß« gewünscht. Bei der Rückkehr am Morgen lächeln sie so, als hätten sich ihre Züge über Nacht nicht verändert und fragen »Wie war's? Are you okay?«. Das »schön«, »nett« oder »nicht schlimm« scheinen sie nicht ganz zu glauben oder für eine Schutzbehauptung zu halten. Die meisten fanden es toll. Sie meinen es sogar so. Weil sie kleiner Junge oder kleines Mädchen gespielt haben und aus ihrem Alltag ausgebrochen sind. Weil sie sich einen Kindheitstraum erfüllt haben.

Damit noch mehr Träume wahr werden, will Jussi Eiramo sein Iglu-Dorf erweitern, und damit auch die kommen, die mit Kälte nicht umgehen können und deshalb besonders kreativ im Ausredenerfinden sind, hat er bereits im Wald zwei Glas-Iglus gebaut – mit der Chance, vom Bett aus das grüne Feuer der Nordlichter am Polarkreishimmel zu bestaunen. Und mit Fußbodenheizung.

Im Zwiegespräch mit dem Handy

Finnischen Eigenarten auf der Spur

Ein besonders schwerer Fall, dieser Finne. Er ist anders als andere. Seltsamer. Sehr eigen. Ein bisschen verschroben. Mindestens. Er leistet sich manche Marotte auch dann, wenn sie teuer ist. Er trinkt zum Beispiel gerne viel – sagen natürlich nur die anderen und er selber bestreitet es. Zu Hause in Finnland dürfen ihm nur spezielle staatliche Geschäfte mit vergitterten Fenstern und Türen harten Alkohol verkaufen. Sie nehmen Horrorpreise für Hochprozentiges. Das Gesetz dafür hat der Staat aus Fürsorge gemacht und verdient nebenbei nicht schlecht an der Vorschrift. Manchmal verreist der Finne und trinkt im Ausland. Das macht Spaß, weil der Staat nichts davon hat und es einschließlich sämtlicher Reisekosten für eine hübsche Tour viel billiger ist als zu Hause in den Gittergeschäften einkaufen zu gehen. Da ist es besonders praktisch, dass von Finnland aus so viele Fähren in die Nachbarländer fahren und man an Bord Hochprozentiges in bunten Duty-free-Shops mit täglich wechselnden Sonderangeboten erstehen kann. Möglicherweise sind nur deshalb so viele Schiffe unterwegs, und noch die langweiligste Route ist gut gebucht.

In den schwimmenden Geschäften läuft nette Musik vom Band, es gibt auch Parfum, Süßigkeiten, Zigaretten, es gibt gegerbte Rentierfelle für den mitreisenden Touristen und allerlei nette Souvenirs, meist aus Holz, weil der Fremde Finnland immer mit Holz und Fell und scharfen Messern im Lederetui am Hosenbund assoziiert. Dem Finnen ist das egal.

Er empfindet es als eine zusätzliche nette Geste, dass die Kassiererinnen in den preiswerten Geschäften auf den Fähren sogar lächeln und er sich beim gemütlichen Likörshopping nicht wie ein Straftäter fühlen muss. Objektiv könnte man sagen: Jeder Finne trinkt, aber nicht alles ist Alkohol.

Der Finne mag die Geschichten vom trinkfesten Nordländer nicht. Er sagt, das sei doch alles nur Klischee, leugnet die endlosen Getränkeregale auf den vielen Schiffen und bekommt in Diskussionen darüber eine seiner seltenen sichtbaren Gefühlswallungen. Eine Mischung aus Verärgerung und Unverstandenfühlen. Er braucht dann erstmal einen Schnaps ...

Und das Schlimmste: Die Finnin ist keinen Deut anders. Beide sind übrigens immer blond, kräftig, manchmal sogar robust, sehr ehrlich und direkt. Sie sind echte Freunde, auf die man sich verlassen kann – wenn man denn erstmal den Weg in ihr Herz geschafft hat. Und endlich das Alkoholgerede sein lässt.

Der trockene Humor des Finnen ist großartig. Er kann Bemerkungen reißen, über die sich alle Umstehenden vor Lachen krümmen, und er selber verzieht keine Miene. Nur seine Augen verraten ihn. Hinter dem Pokerface freut er sich mit – und brütet bereits die nächste Bemerkung aus. Er kann sogar über sich lachen und pflegt selber mit Begeisterung die hübschesten Finnland-Klischees.

Manchmal raucht der Finne selbst heutzutage noch. Das ist nicht so schlimm wie im zugebauten Mitteleuropa mit seinen engen Kneipen, denn den Finnen gibt es nicht so häufig und er hat um sich herum wenig Stadt und ziemlich viel Gegend, so dass der Qualm gut abziehen kann. Besonders günstig bekommt man die Zigaretten übrigens auf den Schiffen.

Im Winter setzt der Finne riesige Eisbrecher auf der Ostsee ein, damit zumindest die Fahrrinnen freigehalten werden und die Fähren weiterhin unterwegs sein können. Auf dem verschneiten Festland rast er um diese Zeit mit lauten Dreckschleudern durch den Schnee. Die nennt er Motorschlitten. Manchmal überschlägt er sich damit, weil er zu schnell fährt oder zuviel getrunken hat oder beides oder weil er mit einem Elch kollidiert, der gerne die Piste kreuzt, leider immer unbeleuchtet und meist verheerend voluminös ist. Einen Elch fährt man nicht über oder um. Man fährt dagegen. Dann ist der Finne womöglich tot, aber das geschieht nicht so oft.

Wenn er tot ist, sagt er nichts mehr. Das ist vorher nicht viel anders. Der Finne schweigt fast den ganzen Tag. Und wenn er sich doch mal für kurze Momente angeregt unterhält, dann mit einem kleinen schwarzen Kasten, den er mit dem Daumen auf seinem Handteller fixiert und sich ans Ohr hält. Über die Jahre ist der Kasten immer winziger und leichter geworden. Der Finne mag technische Innovationen sehr, stellt sich gerne moderne Elektronik in sein karg möbliertes, helles Wohnzimmer oder steckt sie sich – wenn die Technik auf transportable Maße geschrumpft ist – in die Hosentasche. Am liebsten ist ihm, wenn er die Geräte irgendwann mal selbst entwickelt hat, irgendwo vor den Toren Helsinkis einen Nokia-Schriftzug auf das Gehäuse bügeln kann und an jedem Exemplar mitverdient.

Der kleine Kasten kann nur klingeln, wenn jemand reden will, und der Finne kann in solchen Momenten frei entscheiden, ob er gerade abheben und auch reden will. Wenn der Kasten nicht klingelt, aber der Finne ausnahmsweise gesprächig ist, funktioniert das auch. Er drückt Tasten und wartet, bis der Kasten den Gesprächswunsch in den Himmel funkt und im Gegenzug die gewünschten Antworten aus den Wolken fischt. In Finnland funktioniert das in den entlegensten Winkeln und sogar direkt an der nahezu menschenleeren Grenze zum Russen, über die der Finne nicht gern spricht.

Manchmal freut er sich, wenn plötzlich nette Stimmen aus der handlichen Plastikschale tönen, und er lächelt – außer die Stimmen stören ihn beim Angeln. Übrigens ein sehr angenehmer Sport. Man steht herum, schwitzt nicht, verschleißt weder Gelenke noch Turnschuhsohlen, ist nie außer Atem, hat viel Gegend um sich herum, kann toll schweigen und schlägt mindestens zwei Mücken mit einer Klappe. Sehr merkwürdig, dieser Finne.

Wenn kein Fremder zuschaut, steigt der Finne gerne hüllenlos zum Fisch. Er badet mit Vorliebe nackt in seinen vielen Seen, solange allenfalls Freunde oder Verwandte Zeugen sind. Der Finne ist freizügig, aber nicht exhibitionistisch. FKK-Strände findet er merkwürdig. Man weist extra Sandstücke aus, wo fortan sämtliche Haut der Sonne und den anderen gezeigt werden darf. Da tummeln sich dann alle, die das tun wollen – statt sich einfach dort auszuziehen, wo niemand ist oder wo man gerade Lust hat, nackt zu baden. Finnland hat fast keine FKK-Strände, und die wenigen, die es an der Ostsee gibt, sind Zugeständnisse an den Fremden, der den Finnen im Sommer mit Zelt oder Campinganhänger besuchen kommt. Wann eigentlich Badesaison an der Ostsee ist, wird der Finne manchmal gefragt. Er muss dann lange nachdenken. Letztes Jahr war es an einem Dienstag.

Für den Finnen ist der Begriff Einsamkeit nicht negativ belegt. Er liebt sie und empfindet es im Gegenteil als unnötige Nähe, am anderen Seeufer noch jemanden zu entdecken. So etwas wäre vielmehr ein Indiz von erschreckender Überbevölkerung. Käme es öfter vor, müsste er über den Wegzug nachdenken. Nickt der andere einen Gruß herüber, ist das okay. Winkt er, ist das ein viel zu direkter Eingriff in die Privatsphäre.

Der Finne hat nichts dagegen, wenn Fremde für eine Nacht auf seinem Grundstück zelten.

Dafür hat er das Jedermannsrecht erfunden. Nur außer Sichtweite seines Hauses sollen sie bleiben, damit er sich nicht eingeengt fühlen und ärgerlich werden muss.

Im Winter schlägt der Finne Löcher ins Eis, in die er sich ohne Hose stürzt, nachdem er sich vorher für eine halbe Stunde in eine verqualmte, überheizte Hütte im Wald gehockt hat, die er Rauchsauna nennt und sehr liebt. Diese Hütte stinkt mehr als alle Zigaretten aus den zollfreien Schiffsshops zusammen, aber weil das Tradition ist und man hinterher in den See darf und beides zusammen gesund sein soll, ist das okay.

Beide, Finne und Finnin, singen gerne auf ihren Festen und es ist allen egal, ob die Stimmen kirchenchorerprobt und opernbühnengeeignet sind. Gemeinsam mit vielen Freunden wird einmal im Jahr zu Mittsommer am besten auf den Wiesen am Ortsrand gefeiert – das Licht, der längste Tag, die kürzeste Nacht, der Höhepunkt des Sommers. Und obwohl es gerade ausnahmsweise hell und einigermaßen warm ist, hat der Finne Spaß daran, zu Mittsommer riesige Lagerfeuer anzuzünden, die die Seele zusätzlich wärmen. Ein alter Brauch regelt, dass es nach jeder Strophe der sommerlichen Lagerfeuerlieder einen Schnaps gibt. Das steigert die Motivation, alte Bräuche nicht in Vergessenheit geraten zu lassen. Ist der Finne jung oder sind seine Hormone in Sommerwallung, sucht er sich in dieser Nacht gerne eine Finnin, die möglichst auch jung sein sollte. Je nachdem, wie viel sie getrunken haben und wie schwungvoll bereits gefeiert wurde, verschwinden die beiden irgendwann Hand in Hand im Heu, im nächsten Wäldchen oder bleiben einfach auf der Wiese, wo sie sich eilig noch näher kommen. Gemeinsam sind sie dann überglücklich, weil noch viele Monate vergehen, bis sie wieder Eislöcher in ihre Seen hauen.

Die vergessene Insel der Mönche

Nach Valamo im Ladoga-See

An lange verschlossene Welten muss man sich vorsichtig herantasten. Manchmal auf Umwegen. Diesmal sind sie geradliniger als der vermeintlich direkte Weg. Sie führen über Finnland quer durch die Wälder Kareliens nach Russland – in eine Gegend, die bis zum Winterkrieg 1939/40 zu Finnland gehört hat und deren Verlust die finnische Seele nie ganz verwunden hat. Sie führen zuerst ins ostfinnische Städtchen Iisalmi diesseits der Grenze, wo Pater Elias Hurinainen wohnt und den Weg nach Osten gebahnt hat.

Über Schlaglochpisten soll es von dort aus hinein ins Riesenreich des mächtigen Nachbarn nach Sortavala am Ladoga-See gehen, weiter per Boot auf die Klosterinsel Valamo. Noch bis Mitte der neunziger Jahre war sie für Ausländer striktes Sperrgebiet, und könnte man »Einreiseverbot« steigern, dann hätte für Finnen ungefähr so etwas wie »am einreiseverbotensten« gegolten. Die Russen wollten es so, denn bis 1940 war die Klosterinsel im Ladoga-See finnisch und ein Zentrum der Orthodoxie, ein Konstantinopel der Kirche des Nordens. 1100 orthodoxe Mönche lebten damals auf dem weltfernen Eiland mitten im größten See Europas. Heute sind es nur noch ein paar Dutzend, Tendenz wieder steigend. Ihr langjähriger Abt suchte die Isolation und duldete nicht einmal fremde Geistliche in »seinem« Inselreich. Der neue will frischen Wind.

Valamo war eine orthodoxe Welt für sich, etwa so wie die griechische Mönchsrepublik Athos, war verbotenes Land zumal für Andersgläubige. Geht es heute nach den Mönchen und ihrem progressiven Abt Archimandrite Pankratiy, wird Valamo sich für Besucher jeder Konfession und jeder Nationalität öffnen, wird nach über einem halben Jahrhundert der völligen Isolation aus dem Schatten des Vergessens hervorkommen und schon bald wieder an seine Bedeutung zur Mitte des 19. Jahrhunderts anknüpfen.

»Will man mehr Menschen für die orthodoxe Kirche interessieren, muss man sie ihnen zeigen, ihre Traditionen, ihre Schätze offenbaren, muss sich öffnen und diskutieren. Was bietet sich da eher an als die alte Pracht von Valamo?« Pater Elias war es, der Pankratiy und seine Mönche überzeugte und es erreicht hat, dass Valamo nun offen für ausländische Tagesbesucher ist. Er ist es, der für sie vorspricht und ihre Reisen ermöglicht.

Zweieinhalb Stunden lang pflügt das klostereigene Boot von Sortavala aus über den windgepeitschten See bis Valamo. Platz bietet es für etwa zwei Dutzend Passagiere. An den Fenstern hängen Tüllgardinen, an den Wänden kleine Ikonen. Sechs Stunden würde es mit diesem Schiff bis vor die Tore von St. Petersburg dauern, und unterwegs hat Land selbst am Horizont Seltenheitswert. Der Ladoga-See ist so groß, dass Berlin mehr als zwanzigmal hineinpassen würde.

Für ein paar Rubel können Besucher an Bord Postkarten mit Ikonenmotiven, heißen Tee aus dem Samowar oder warme Piroggen erstehen. Die Einnahmen kommen der Klosterkasse zugute. Tauno, einer der Tagesbesucher dieser Tour aus Finnland, ist schon am Morgen eher an Wodka interessiert. Fast beiläufig schaut er auf die Uhr – nur um unmittelbar nach dem wohlinszenierten Blick aufs Zifferblatt zu verkünden, es sei liebgewonnene finnische Tradition, um exakt diese Zeit einen ersten Wodka zu trinken. Er duldet keinen Widerspruch. Und gegen Tradition, gewachsenes Kulturgut sozusagen, kann niemand so leicht etwas einwenden. Klar, dass es ebenfalls Tradition ist, zehn Minuten später einen doppelten Wodka zu trinken. Gut, dass es anderswo Tradition ist, sich artig zu bedanken und das Glas als Geste höchster Wertschätzung für den kostbaren Inhalt unberührt stehenzulassen. Als Reserve für schlechte Zeiten.

Pater Elias begnügt sich mit Tee, während Taunos ungeteilte Aufmerksamkeit weiter dem russischen Nationalschnaps gilt: »Es gibt drei Möglichkeiten, Wodka zu trinken. Mit Wasser. Ohne Wasser. Oder wie Wasser.« Und wieder hat er einen Becher von dem Zeug vernichtet. Ob der Abt mit »Öffnung« die der Wodkaflasche meinte? Ob ein Missverständnis vorliegt?

Vielleicht macht Hochprozentiges die Reise in das verlorene Land, in die vergessene Heimat leichter. Das wird es sein.

Irgendwann scheinen am Horizont Zwiebeltürme aus dem milchigen Einerlei aus Himmel und Wasser zu ragen. Strahlendblaue Kuppeln. Goldfarbene Verzierungen. Die ersten Bauten von Valamo. Einige davon sind *skites*, sind Einsiedeleien, wo ein oder zwei Mönche in völliger Abgeschiedenheit hausen. Eine Fjordkrümmung weiter rückt das Hauptkloster ins Blickfeld. Ein gewaltiger Bau auf der höchsten Erhebung der Insel, Nadelwald drumherum, weiße Mauern, hoch über alledem die offenbar frischgestrichenen Kuppeln in sattem Blau, dazu ein raumgreifendes Holzgerüst um die Klosterkirche im Zentrum der Anlage. Bei näherem Hinsehen ist das Gerüst wesentlich einsturzgefährdeter als das Gebäude. Eine abenteuerliche Konstruktion.

Und doch machen die Restaurierungsarbeiten große Fortschritte. 25 Milliarden Rubel hatte die russische Regierung dafür mittelfristig zur Verfügung gestellt – Geld, das täglich weniger wird. »Wenn nicht schnell gearbeitet wird, frisst die Inflation den größten Teil dieser Summe wieder auf«, warnt Pater Elias. Der Blick des Priesters mit dem rotblonden Seebärenbart ist sorgenvoll. Damit die Arbeiten schneller vorankommen, legen die Mönche selbst allenthalben kräftig Hand mit an. Und auch von ihren orthodoxen Glaubensbrüdern aus Finnland bekommen sie Unterstützung – ideell wie materiell.

Als Finnlands Niederlage und damit der Verlust der Ladoga-See-Region im Winterkrieg 1940 absehbar war, wurde die gesamte Klosterinsel in nur wenigen Februartagen evakuiert. Alle Reichtümer, die transportabel waren, wurden in langen Konvois ins sichere Hinterland des heutigen Finnlands geschafft. Dort wiederum gründeten die vertriebenen Mönche das Kloster Uusi Valamo, »Neu Valamo«, heute Pilgerziel und geistiger Mittelpunkt der Orthodoxie Finnlands.

Es duftet nach Weihrauch. Kerzen flackern in der zugigen Klosterkirche der Insel. Ein paar Ikonen sind bereits restauriert, andere als Geschenke aus Finnland zurück am alten Platz. An wieder anderer Stelle steht die Wandfarbe in schorfigen Flocken ab. Ein grauer, krummer Mann lässt sich von den Bauarbeiten nicht stören und kniet zum Gebet vor dem Altar. Seine Lippen murmeln leise Gebete, seine Gedanken steigen auf in den Himmel.

Auch vorm Kirchenportal regiert die Ehrfurcht. Wer immer dort vorbeieilt – die alte Bäuerin mit einem Korb voller Steinpilze in der Hand oder der rauschebärtige Mönch in seiner mehrfach geflickten schwarzen Kutte –, hält ein paar Sekunden inne, verbeugt sich tief und bekreuzigt sich kurz.

Abgesehen von den Mönchen leben noch etwa fünfhundert Bauern und Fischer auf Valamo. Schon bald sollen diese Menschen die Welt wechseln und aufs Festland nach Sortavala umgesiedelt werden. Auf Valamo sollen künftig ausschließlich die frommen Brüder ihr Zuhause haben.

Ein klapperiger Bus quält sich ein paar Mal am Tag im Liniendienst über die Insel. Zumindest sollte er das. Nur macht der Motor nicht immer mit. Der Fahrer stöhnt auch diesmal entnervt, öffnet eine Klappe zum Motorraum und schaut skeptisch hinein. Gestern erst hatte er das Getriebe mit einem selbstgebastelten Ersatzteil repariert. Von der Rückbank aus ruft ein Mönch, ob denn der Motor überhaupt da sei. Gelächter, obwohl der Gag gar nicht so wirklichkeitsfern war …

Unterdessen holpert eine einspännige Pferdekutsche vorbei. Der Mönch auf dem Kutschbock winkt herüber. Waren die guten alten Zeiten doch die besseren? Die Gesichtszüge des Mannes antworten wortlos mit Ja. Irgendwann springt der Bus doch noch an und rüttelt auf Kieswegen über die Insel. Die Straße ist über Dutzende Meter gesäumt von Brennholzstapeln für den Winter, danach von sumpfigen Schilflandschaften, von Felsküsten, schließlich von dichten Wäldern. Irgendwann schimmern einzelne *skites* durchs Grün, ab und an große Holzkreuze. Fjorde gliedern Valamo in eine Vielzahl von Landzungen und Halbinseln auf.

Pater Elias springt vor einer der Mönchseinsiedeleien aus dem Klapperbus, läutet und zeigt ein Schreiben des Abtes mit der Bitte um Einlass vor. Nur widerwillig öffnet der Mönch das Gittertor: »Eigentlich«, sagt der auf Russisch, »eigentlich wollten wir hier alleine mit Gott leben.« Er lässt sich erweichen, führt die Fremden durch seine in Eigenarbeit restaurierte Kapelle und freut sich am Ende doch über das Interesse und die Abwechslung im Einerlei des Nachsinnens. »Gott sei mit Euch«, sagt er später zur Verabschiedung. Und »*spassiba,* danke.«

Minuten später legt das Schiff nach Sortavala ab. Zurück aufs Festland, von dort aus weiter in die andere Welt, die Finnland heißt, der Klosterinsel um Jahrhunderte voraus ist und Sortavala vor über sechzig Jahren zurücklassen musste, ohne dass die Uhren dort seitdem weiterliefen. An mancher Hauswand sind noch die finnischen Namen kleiner Geschäfte über milchig angelaufenen Schaufenstern zu lesen. Ausgeblichen zwar, aber erkennbar. In lateinischen Buchstaben. Von den kyrillischen sind hier noch nicht viele aufgetragen. Schließlich war dafür nur sechzig Jahre Zeit und die Farbe knapp. Tauno schweigt und rührt seinen Wodka den langen Rückweg über nicht an. Nicht dass er genug davon hätte, aber der Ausflug in die Vergangenheit hinweg über die Grenze der Zeit hat ihn nachdenklich gemacht. Und nachdenken möchte er mit klarem Kopf. Egal, was Tradition ist und was die Trinkspruchfibel für Abendanekdoten vorsieht. Sie passen besser zu einem anderen Tag.

Wo der Weihnachtsmann wohnt

Hausbesuch beim echten Weihnachtsmann in Rovaniemi am Polarkreis

Der Mann hat einen guten Draht zum Tower und deshalb immer Vorfahrt, wenn er in den Wintermonaten mit seinem Schlitten auf den Rollwegen hin- und herkurvt und auf die gerade gelandeten Maschinen zuhält. Jeder Flughafenmitarbeiter kennt den fast zwei Meter großen und nicht gerade schlanken alten Herrn mit seinem spleenigen Gefährt, lässt ihn gewähren und grüßt kurz im Vorbeifahren. Vom Stammpersonal dreht sich keiner nach dem grauhaarigen Mann mit Rauschebart und rotem Mantel um. Auch nicht, wenn er im Schlepp von sechs ausgewachsenen Rentieren vorfährt, neben der Gangway einer Boeing stoppt und jeden einzelnen Passagier mit Handschlag und zünftigem »Ho, ho, ho!« begrüßt. Der Mann macht bloß seinen Job. Er ist hauptberuflich der echte Weihnachtsmann. Und Rovaniemis winterfester Airport exakt auf dem Polarkreis ist der offizielle Flughafen des Weihnachtsmanns – der einzige der Welt, wo Vorfeldauftritte dieser Art zum Alltag gehören.

Santa Claus hat sich zur größten Attraktion der Polarkreisregion Finnlands entwickelt. Die meisten seiner multinationalen Besucher schweben per Jet ein – viele nur für einen Tag. Selbst

Sonderflüge aus Japan hat es bereits gegeben. Als die Concorde noch fliegende Legende war, kam sie jeden ersten Weihnachtsfeiertag für ein paar Stunden aus England herübergejagt und ging mit steiler Nase, eleganten Deltaflügeln und infernalischem Lärm auf dem Airport zum kostspieligen Kurzbesuch bei Santa Claus nieder.

Der abgelegene Flughafen der Lappland-Hauptstadt Rovaniemi hoch oben auf der Nordhalbkugel hat Jets aus aller Herren Länder gesehen. Die Piste ist lang genug für nahezu alle gängigen Flugzeugtypen – und sie ist von unten beheizt. 37.000 Einwohner zählt Rovaniemi, 470.000 Bände besitzt die städtische Leihbücherei, die Arbeitslosenquote liegt bei über fünfzehn Prozent, die Selbstmordrate der Region ist die höchste Finnlands, und ausgerechnet dieser Flughafen am Polarkreis ist der mit der zweithöchsten Passagierzahl des Landes. An letzterem ist der Weihnachtsmann alles andere als unschuldig.

In den Monaten Dezember und Januar nehmen etwa hundert Charterjets zusätzlich zu den Linienmaschinen Kurs auf die Runway in Lappland. An Bord: Weihnachtsmannbesucher. Tagesflüge zum Weihnachtsmann haben selbst bei einigen deutschen Anbietern Tradition. Und stellt sich der Veranstalter gut mit »Mr. Christmas«, kommt der betagte Herr persönlich an der Flugzeugtür vorgefahren – oder mindestens sein Doppelgänger, während der Echte rund fünf Kilometer vom Airport entfernt auf seinem mit rotem Samt bezogenen Sessel thront und in erwartungsvolle Kinderaugen lächelt.

Rund ums Jahr residiert er in seinem Santa Claus Office in Joulupukin Pajakylä, dem »Dorf des Weihnachtsmanns« bei Rovaniemi, und begrüßt dort Kinder jeden Alters. Kurz vor Heiligabend herrscht Hochbetrieb in seiner Heimat am Polarkreis. Sechs Stunden lang sitzt er da jeden Tag auf seinem Thron, schüttelt Hände im Dutzend, nimmt Kinder auf den Schoß, hat für jedes ein paar freundliche Worte parat, verschenkt Pfefferkuchen, hört sich Gedichte und Ständchen an, lobt jeden noch so verhängnisvoll gereimten Vers, klatscht freundlich Beifall und scherzt beizeiten sogar mit seinen Besuchern aus aller Welt. Dem Mann mit Pelzmütze und weißem Rauschebart, mit rotem Mantel und schweren gefütterten Stiefeln scheint der Hochbetrieb Spaß zu machen. Hinter seiner silbernen Nickelbrille blitzen muntere blaue Augen. Damit es dem alten Herrn, der etwa 1,95 Meter groß und gute 150 Kilo schwer sein dürfte, nicht allzu warm wird, rattert neben seinem Thron am Kamin ein verzweifelter Plastikventilator im Dauereinsatz. Kerzenflammen wehren sich flackernd auf dem Kaminsims gegen den frischen Luftzug. Aus einem Kassettenrekorder schallt leise Weihnachtsmusik: Jingle Bells, O Tannenbaum, dazu Schellen- und Glöckchenklänge in Endlosschleife. Ein multinationales Programm. So abwechslungsreich wie zwei Modern-Talking-CDs. Und trotzdem stimmungsvoll. Die Umgebung ist schuld daran.

Kaum eine Gegend wäre als Heimat des Weihnachtsmanns glaubwürdiger, kaum irgendwo würde er besser hineinpassen. Und kaum irgendwo sonst würde es Kindern und selbst Erwachsenen leichter fallen, an den Weihnachtsmann zu glauben als hier im arktischen Norden Finnlands: tiefverschneite Wälder und Straßen, rosarot-blauer Himmel, Schlitten auf schmalen Pfaden, Rentiere am Wegesrand, knackige Kälte.

An den Weihnachtsmann adressierte Kinderpost aus aller Welt wird bereits seit den fünfziger Jahren an die Adresse Santa Claus, Joulupukin Pääposti in FIN-96930 Napapiiri geschickt, an das letzte Postamt diesseits des Polarsterns – über 250.000 Briefe jedes Jahr. Das Luftpostaufkommen auf Rovaniemi-Airport steigt im Dezember immens an. Fleißige Helfer beantworten Bittbriefe und Wunschzettel aus aller Welt, die der Chef anschließend per Kugelschreiber mit schwungvollem »Santa Claus«-Schriftzug signiert. Die meisten sind von Kindern – so wie der von Mareike, neun Jahre alt, aus Leipzig: »Heiligabend kommt bei uns der Weihnachtsmann an die Tür. Aber der ist immer falsch und nur verkleidet. Bitte komm' dieses Jahr selbst. Danke. Deine Mareike.« Rechtzeitig zum Fest werden die Antworten mit Sondermarke und -stempel auf den Weg gebracht.

Weil immer mehr Menschen den alten Herrn mit Rauschebart persönlich erleben und sich so selbst einen Traum erfüllen wollten, blieb es nicht beim bloßen Briefe Beantworten. Santa

Claus selbst hält seit bald zwei Jahrzehnten feste Sprechzeiten ein und lässt sich bereitwillig mit seinen Besuchern, umgeben von einem Berg aus bunt verpackten, übereinander gestapelten leeren Kartons, unterm Tannenbaum fotografieren. Wer keine eigene Kamera hat, kann das Erinnerungsfoto von einem der Weihnachtsmanngehilfen schießen lassen – für rund acht Euro. Wer es sich auf ein T-Shirt reproduzieren lassen will, zahlt zwanzig Euro Aufpreis und muss ein paar Minuten warten.

Schüchterne Kinder tasten sich langsam nach vorn, bis er ihnen Mut macht, sich auf seinen Schoß zu setzen. Freche Teens übergeben resolut ihre Wunschzettel – oft mit ausgeschnittenen und aufgeklebten Bildern aus Versandhauskatalogen. Am häufigsten dabei: Computerspiele, Puppen, Autorennbahnen. Ponys sind nur deshalb seltener, weil sie nicht in Versandhauskatalogen zu finden sind. Auf den gezeichneten Weihnachtswunschzetteln von Mädchen sind sie es, die eine Spitzenposition einnehmen.

Eine Truppe kichernder alter Damen stürmt nach vorn und sammelt sich zum Gruppenbild. Brillen und Pelzmützen verrutschen vor Aufregung. Familien aus Estland sagen nicht ohne Ehrfurcht vor Santa Claus Gedichte auf, Finnen singen Lieder, Japaner knien kurz andächtig vor ihm nieder, springen anschließend wieder aufgeregt durcheinander. Eine etwa dreißigjährige Russin weint. Immer habe sie fest geglaubt, es gäbe den Weihnachtsmann. Jetzt endlich dürfe sie reisen und ihm persönlich begegnen. Und endlich könne sie ihren skeptischen Mann widerlegen, denn der hatte behauptet, das mit dem Weihnachtsmann sei alles Quatsch, sei Kinderkram und stimme sowieso nicht.

Dem Rauschebartriesen macht der Trubel sichtlich Spaß. Keine Spur von Ermüdungserscheinungen – auch nicht knapp vor Heiligabend. »Weihnachtsmann, wie viele Sprachen sprichst du?«, fragt ein Kind. »Am Heiligen Abend alle Sprachen der Welt«, antwortet er und zwinkert herüber.

Freunde dürfen »Santa« zu ihm sagen. Jarmo Kariniemi, persönlicher Referent des Weihnachtsmanns, der über den strammen Terminkalender wacht, redet ihn nur so an und darf ihm auch mal im Vorbeigehen kollegial auf die Schulter klopfen. Jarmo ist der einzige, der Santa ins Hinterzimmer des Blockhaus-Thronsaals begleiten darf, wenn der Chef Pause macht. Die Privatgemächer im Autobahnraststätten-Schick, mit orangenem Plastikstuhl, Blechspind voller Zivilklamotten, mit Handyladegerät und Aschenbecher auf dem Kiefernholz-Küchentisch sind für alle anderen tabu. Die Rückseite des Traumes gehört so wenig zur Inszenierung wie die Werkstatt des Bühnenbildners in einem Opernhaus.

Hinter den Kulissen darf Santa die schweren Stiefel ausziehen, die rote Kutte lässig über eine Stuhllehne werfen, sein verwaschenes Hard-Rock-Café-T-Shirt über dem Bauch zurechtzupfen. Den Bart abnehmen. Den Fernseher einschalten, eine Viertelstunde lang Eishockey schauen, ehe er in vollem Ornat zurück auf den Thron oder zu einem Empfang am Flughafen hetzen muss. Interviews gibt er nie, Fragen beantwortet er nicht gern. Wie lange er das schon mache, wollte vorhin einer der Besucher von ihm wissen und erntete einen skeptisch-verblüfften Blick über den Brillenrand: »Seit ewigen Zeiten. So lange es diesen Traum schon gibt.« Er antwortete mit so viel Autorität in der Stimme, dass weitere Fragen unausgesprochen blieben, Zweifel heruntergeschluckt wurden.

Wer mit leuchtenden Augen aus dem Blockhaus des Weihnachtsmanns exakt auf dem Polarkreis heraustritt, spaziert am Rentiergehege vorbei ins benachbarte Café, probiert heißen Adventstee und finnisches Weihnachtsgebäck. Oder stöbert nebenan in Souvenir- und Kunsthandwerkshops, wo es von kitschigen Plastikrentieren bis hin zu wertvollen Holzarbeiten, von Strickmützen bis zu Finndolchen alles gibt, was irgendwie zu Winter, Weihnachten und Lappland passt – CDs mit Weihnachtsliedern (»recorded live in Vienna«), sogar Kugelschreiber mit Weihnachtsmannlogo, dazu geräucherten Rentierschinken mit Weihnachtsmann-Qualitätssiegel auf der Vakuumverpackung, haltbar bis März 2004. Es gibt alles, was passt, passen könnte oder notfalls auch nicht passt, aber das Zeug zum Verkaufsschlager hat.

Wer reisen will wie Santa Claus selbst, geht für ein paar Stunden auf Lapplandsafari hinterm Haus, fährt mit Hunde-, Motor- oder Rentierschlitten durch die weißen Wälder, die das

Dorf umgeben. Oder stapft in den neuen Freizeitpark Santa's World in einer riesigen künstlichen Höhle, fährt dort Karussell. Lässt sich vor einer Uhr fotografieren, die das ganze Jahr über exakt anzeigt, wie viele Stunden es noch bis Heiligabend sind. Und kauft noch mehr Souvenirs. Das Geschäft ist offenbar interessant, denn an der weihnachtlichen Höhlenwelt sind als Gesellschafter unter anderem Finnair, die finnische Post und ein Versicherungskonzern beteiligt.

Die Kaufleute im Andenken-Einkaufszentrum von Joulupukin Pajakylä sind es, die das Gehalt des Weihnachtsmanns bezahlen. Der Mann mit dem roten Umhang ist ihr Angestellter. Sie flüstern es. Nur hinter vorgehaltener Hand, ungesehen im Schatten eines ausgestopften Deko-Elchs. Unter dem Siegel der Verschwiegenheit, das nur für sie selber nicht zu gelten scheint. Der Typ sei ihr bester Mann. Ein Kundenmagnet. Absolut authentisch, schwer zu finden gewesen, die Idealbesetzung für den Job. Viel besser als der Vorgänger, der immer nach Alkohol roch und vorzeitig in Pension geschickt wurde. Zwanzig Einzelhändler und ein paar Gastwirte haben den echten Weihnachtsmann unter Vertrag genommen. Ein unechter wäre schlecht fürs Geschäft, verheerend für die Arbeitslosenquote in der Region.

Einer der Vormittagsbesucher aus Estland fragt Taxifahrer Jaakko später auf der kurzen Fahrt von Joulupukin Pajakylä zurück nach Rovaniemi, ob er den Mann hinter Santa Claus kenne. »Ja«, antwortet der bereitwillig. »Er lebt in Rovaniemi, ist verheiratet, hat drei Kinder und an seinem Klingelschild steht der Name Mauri Virtanen. Aber das ist nur ein Pseudonym, denn ›Weihnachtsmann‹ kann er schließlich nicht an die Tür schreiben.« Er lächelt. »Man stelle sich nur den Andrang vor. Schließlich ist Mauri ein alter Mann, inzwischen über sechshundert.« Jetzt ist seine Miene ernst und er nickt zur Bekräftigung zweimal kurz. Im selben Moment beginnt es zu schneien und Rentiere traben neben der Straße.

Zwei Kinder haben ihn an diesem Abend fast gleichzeitig durch die großen Glasfenster der Wartehalle des Flughafens gesehen, beide haben ähnlich reagiert: erst kurz erschrocken, dann gestrahlt, schließlich lautstark die Eltern herbeigerufen. Eben noch waren sie zu Besuch im Weihnachtsmannbüro von Joulupukin Pajakylä. Jetzt, kurz vorm Heimflug, rauscht der zeitlose Greis zum Abschied in vollem Ornat mit seinem Schlitten am Flughafen-Panoramafenster vorbei. Er winkt den Kindern zu. Irgendwo bimmeln Glöckchen. Aus der Beschallungsanlage des Terminals tropft zum dritten Mal binnen zwei Stunden »Jingle Bells«. Am eiskalten Nachthimmel zucken Nordlichter: wie die Funkenspur des am Firmament entlangrasenden Weihnachtsmannschlittens, Take off von Rovaniemi-Airport aus – schneller als die wartenden Charterjets. Wahrscheinlich wegen des guten Drahts zum Tower.

Chansons im Schnee

Licht ins Dunkel bringen: Winter in Helsinki

Die Zahl der Schlaglöcher im Hauptstadtasphalt hat über die letzten zwei Winter zugenommen, die Zahl der dunklen Bitumenflicken in der Fahrbahndecke ebenfalls. Früher gab es so etwas im reichen Finnland nicht, im Hightech-Land zwischen Polarkreis und Baltikum, in der Wohlstandsnation mit Rekordgehältern, Rekordmieten, Rekordbruttosozialprodukt und rekordverdächtigen Lebenshaltungskosten. Das viele Geld reichte immer aus, um Straßen wie neu wirken zu lassen. Von der Kälte in den Asphalt gerissene Löcher verschwanden noch im selben Winter wieder, und eher wurde die ganze Decke neu gemacht als dass Flickenoptik geduldet worden wäre. Das kühle, sachliche Helsinki war Spiegel des Wohlstands, war Aushängeschild. Die Wirtschaftskrise zu Beginn der neunziger Jahre mit ihrer hohen Arbeitslosigkeit war vergessen, eine neue nicht einkalkuliert. So plötzlich wie die Weltwirtschaft zu Beginn des neuen Jahrtausends aus dem Tritt geriet, so plötzlich die Aktienmärkte litten und Investoren Hightech-Papiere nicht mal mehr mit spitzen Fingern anfassen wollten, so plötzlich spürte auch Finnland die Auswirkungen der neuen Krise. An allen Ecken wird nun gespart. Auch am Asphalt. Flickschusterei scheint nun erlaubt.

Die Straßen spiegeln die Wirtschaftslage. Aus der Spur geraten ist das Land nicht, aber zu spüren bekommt es die neue Situation durchaus.

Kalt ist es in den letzten Wochen gewesen. Ungewöhnlich kalt für einen November, und Schnee ist noch keiner gefallen. Bliebe es noch ein paar Tage so, die Eisbrecherflotte müsste vorzeitig aus den Hauptstadthäfen auslaufen und die Ostsee-Fahrrinne zwischen den Schäreninseln hindurch von und nach Helsinki freihalten. Diese Nacht können die Besatzungen noch zu Hause bleiben: Es soll wieder wärmer werden – nur noch ein paar Grad unter Null, und Schnee soll fallen. Der erste dieses Winters. Er wird sich über alle Schlaglöcher legen und bis zum nächsten Tauwetter tarnen, was leere Kassen angerichtet haben.

Keine Stadt der Welt wechselt ihre Stimmungen so sehr mit dem Wetter wie diese, und nirgendwo verändert das Wetter die Menschen so stark wie hier. Helsinki unter grauen Wolken ist trostlos, ist streng, unnahbar, hat zumindest in den Vororten den zweifelhaften Charme einer Ostblockmetropole der siebziger Jahre. Helsinki im Schnee unter blauem Himmel ist eine strahlende Winterschönheit.

Der Neuschnee der Nacht knirscht am Morgen unter den Winterstiefeln beim Weg über den Senatsplatz vorm Dom. Eiszapfen klammern sich an die grüne Kupferkuppel, die nun eine Schneemütze trägt. In der Nacht haben Arbeiter vor dem Dom eine riesige Tanne mit

Weihnachtsstern auf der Spitze aufgerichtet. Wie aufs Stichwort termingerecht zum ersten Schnee.

Morgens um kurz nach neun geht die Sonne auf und gegen halb vier nachmittags geht sie unter – Helsinkis Tribut an die Polarnacht, die es weniger als tausend Kilometer weiter nördlich in den Polarkreisregionen Lapplands im tiefsten Winter gar nicht erst hell werden lässt. Dass sie aufgeht, zaubert eine halbe Million Lächeln auf eine halbe Million Hauptstadtgesichter. Ein Lichtblick im ständig wiederkehrenden Frust über den viel zu langen und viel zu dunklen Winter.

Die Händler auf dem Kauppatori-Markt unter freiem Himmel am Hafen hatten sich mit der knackigen Kälte der vergangenen Tage arrangiert, wuchten seitdem Lachsseiten im Dunst von Heizstrahlern auf ihre Waagen, reichen den Kunden Obst nur mit Handschuhen herüber. Minus 14 Grad zeigte das Thermometer in den letzten Nächten an. Jetzt ist es milder. Der Schnee konnte kommen und Finnlands Hauptstadt ein winterliches Kostüm verpassen.

Ein paar Stände weiter verkauft eine alte Dame selbstgestrickte Mützen und handgenähte Stoff-Adventskalender mit 24 zugeknöpften Taschen für kleine Geschenke. Sie freut sich am Interesse der Passanten. Die Frau lebt draußen auf einer der vorgelagerten Inseln, strickt abends vorm Kamin – und im Sommer auf der Terrasse, denn dann muss bereits für das Weihnachtsgeschäft vorgearbeitet werden. Sie verkauft nur, was sie selbst hergestellt hat. Dass mit ihrem immer wieder durch kurzes Lachen unterbrochenen finnischen Redeschwall fast keiner der Wochenendurlauber aus Mitteleuropa etwas anfangen kann, macht nichts. Ihre Herzlichkeit braucht keine Vokabeln.

Ein paar Meter weiter bummeln Besucher durch die restaurierte Markthalle Kauppahalli, probieren an den Ständen der Fischhändler Kaviarhäppchen, bei den Bäckern reisgefüllte Piroggen, bei den Obst- und Gemüseverkäufern arktische Beeren, nebenan Käse aus Karelien.

Die Schaufenster der Kaufhäuser und Geschäfte entlang der Mannerheimintie, neben der Esplanade die Haupteinkaufsstraße der Stadt, sind vorweihnachtlich dekoriert – manche mit avantgardistischem Einschlag. Da steht ein weißgewandeter Weihnachtsmann mit Schweißerbrille im Schaufenster und kämpft mit Laserschwert und Lichtblitzen gegen Deko-Eisbären. Oder im Schaufenster eines Pelzmützengeschäfts: Santa Claus kniet inmitten Dutzender Mützen jeder erdenklichen Machart und ist doch der Einzige mit einer roten Kopfbedeckung. Im mehrgeschossigen Innenhof des Kaufhauses Stockmann hängt eine riesige Tanne freischwebend von der Decke. Und an einem dicht umlagerten Extrastand im Erdgeschoss wird nichts anderes verkauft als Schokoweihnachtsmänner in hunderterlei Variationen.

Vor den Türen bimmelt sich die Straßenbahn im Schritttempo den Weg durch die verschneite Aleksanderinkatu frei. Und gegenüber im Restaurant Zetor, das der legendären finnischen Popgruppe Leningrad Cowboys gehört, schallen abwechselnd veräppelte Weihnachtslieder und Rock-Rhythmen aus den Boxen.

Diesen Morgen hatte der finnische Landfrauenverband eine Anzeige in der Tageszeitung *Helsingin Sanomat* geschaltet: Wer Lust habe, könne zwischen zehn und sechzehn Uhr zum Pfefferkuchenbacken unter fachkundiger Anleitung in der Backstube des Landfrauenverbands mitten in Helsinki vorbeischauen. Und wer nicht selber backen wolle, könne dort frische Pfefferkuchen kaufen. Ein paar Stunden später stehen Käufer Schlange und Hobbybäckerinnen haben ihren Spaß.

Zur selben Zeit singen Kinder einer Vorschulklasse auf den Treppen vorm Dom, dem zwischen 1820 und 1850 errichteten Schlüsselwerk des Architekten Carl Ludwig Engel, mit hohen Stimmchen finnische Weihnachtslieder und freuen sich am Beifall der Zufallszuhörer.

Am Abend setzt wieder Schneefall ein, und Schleier aus rieselnden Flocken streuen das Licht der Weihnachtsbeleuchtung im Zentrum. Niemand würde sich wundern, käme jetzt der echte Weihnachtsmann auf seinem Rentierschlitten durch die Nacht gerauscht und würde der Straßenbahn die Vorfahrt streitig machen.

Lichtschein dringt aus der 1969 erbauten Felsenkirche Temppeliaukio Kirkko, deren Wände aus unbearbeitetem Granit und deren Kuppeldach aus 22 Kilometer gewickeltem Kupferdraht besteht. Etwa dreihundert Menschen haben sich durch den Schneeschauer hierher gekämpft und lauschen nun den Chansons der Sängerin Hanna Ekola. Mit ihrer Stimme füllt sie die ungewöhnliche Kirche, die in den Granitgrund gesprengt statt auf ihm erbaut wurde, schmettert eigene Balladen im Wechsel mit Volks- und Weihnachtsliedern in das Rund des Gotteshauses. Erstaunlich, dass man diese Sprache voller Vokalgewitter so singen kann. Begleitet wird sie am Flügel und von einem Gitarristen. An den Granitwänden der Kirche rinnt Schmelzwasser neben den Kirchenbänken herab und sorgt mit seinen Tropfgeräuschen für zusätzliche Untermalung. Ein Effekt, den die Architekten Timo und Tuomo Suomalainen beabsichtigt haben. Ihr Bauwerk sollte mit der Natur eine Symbiose eingehen statt sie hinter Beton wegzusperren. Als die beiden mit ihrem Entwurf den Architektenwettbewerb zum Bau dieser Kirche gewannen, waren sie beide noch Studenten. Heute ist Temppeliaukio Kirkko die beliebteste Hochzeitskirche der Stadt, das meistbesuchte Gotteshaus Finnlands – und berühmt für die besondere Akustik.

Der Eintritt zu dem Hanna-Ekola-Konzert ist an diesem Abend frei. Wer mag, kann ein paar Euro in die Spendenbüchse der Gemeinde stecken. Fast alle tun das. Und bitten den lieben Gott insgeheim um einen kürzeren Winter – mit mehr Abenden wie diesen. Und wieder weniger Schlaglöchern.

Mit dem Traktor zur Chipsfabrik

6500 Ostsee-Eilande: Hauptsache verschroben – unterwegs auf den Åland-Inseln

Ein elektronischer Verwandter von Pacman flimmert rastlos über den Bildschirm des einzigen Spielautomaten und piept dabei wie ein erkälteter Elektrowecker. Metallwände reflektieren die heiseren Töne, Plastikpolster von fünf Sitzbänken und dunkelbraune Gardinen vor ein paar kreisrunden Fenstern versuchen sie wieder zu schlucken. Ein vielleicht dreijähriger Steppke rüttelt ununterbrochen an einer Kiste mit Rettungswesten und plärrt, während die Mutter des Miniurlaubers zur Beruhigung Löffel um Löffel Griesbrei in den Kleinen hineinstopft. In der gegenüberliegenden Ecke brütet der Fahrer eines Holzlasters seelenruhig über einem Kreuzworträtsel. Szenen aus dem Bauch einer kleinen Inselfähre – oben Platz für den Lkw, einen Linienbus, zwei Traktoren, ein paar Autos und Fahrräder, unter Deck der übersichtliche Aufenthaltsraum mit dem zweckmäßigen Charme einer ältlichen Uni-Mensa. Vor den Bullaugen zieht Ostsee-Idylle vorbei: im Sonnenlicht glänzender Granit, der von den Wellen der Jahrtausende glatt poliert wurde, dahinter weiß und gelb blühende Sommerwiesen, in der Ferne Kiefernwäldchen, im Vordergrund Bootshäuser auf Stelzen, die sich an die Klippen klammern.

Friedliche, stille Landschaften. Gegenden ganz ohne Pacman-Hektik.

Minuten zuvor rangierte der Lasterfahrer unter den helfenden Zurufen eines pausbäckigen Passagiers seinen mit Bauholz beladenen Sattelschlepper Zentimeter um Zentimeter auf die Fähre, neben ihn gezwängt Autos, Fahrräder und eine Handvoll Fußgänger. Dutzende Fähren verbinden die größeren der abertausend Åland-Inseln am Südende des Bottnischen Meerbusens miteinander. Sie verkehren nach einem festen Fahrplan und brauchen vom einen Anleger zum nächsten selten länger als eine Stunde. Deshalb kann der Lasterfahrer gelassen bleiben. Er muss die Kombination aus Videospiel und Kinderpanik nur während der kurzen Überfahrt erdulden – und sollte er genug davon haben, könnte er sich ein Plätzchen im Wind an Deck suchen. Näher dran an der Ostsee-Idylle.

Nur zwei Berufsstände kommen auf den Åland-Inseln ohne Fähren aus. Hebammen und Ärzte schweben bei Bedarf per Wasserflugzeug ein. Alle anderen sind ohne das Fahrplanheft der Skärgårdstrafiken aufgeschmissen. Allzuleicht würde man das Morgenschiff von Seglinge nach Föglö, die Fähre von Lumparland nach Sund verpassen. Das Heft ist die Bibel der Insulaner, der Beweis dafür, dass es noch etwas jenseits des heimatlichen Holzhauses und der eigenen Insel gibt. Es ist die regelmäßig aktualisierte Garantie dafür, zu festen Uhrzeiten aus der kleinen eigenen Welt in die nächstgrößere überwechseln zu können.

Wo die Eilande nah beieinander liegen und nur Meerengen überbrückt werden müssen, übernehmen kleine Kabelfähren mit Platz für nur drei, vier Autos oder einen Lastwagen den Dienst und kreuzen an Stahlseilen geführt, wann immer Bedarf besteht – zum Beispiel, wenn zwei Radfahrer auftauchen und auf die zitronengelbe Rampe am Bug zuhalten. Für sie sind Fährüberfahrten jedesmal willkommene Verschnaufpausen, denn den Kampf gegen den Wind übernimmt für die paar Minuten eine Maschine. Das entlastet Lungen und Waden. Die meisten Schiffe sind notwendiger Brückenersatz und damit für jedermann gebührenfreier Bestandteil der Infrastruktur.

In eisigen Wintern ruht der Fährverkehr größtenteils. Fahrrad fährt dann sowieso keiner und per Motorschlitten oder auch per Auto kommt man in diesen Monaten auf markierten Pisten übers Eis ohnehin oft schneller von Insel zu Insel. Nur darf man nicht zu stark aufs Gaspedal treten. Das verursacht so etwas wie eine Bugwelle unter der Eisdecke, die sich am nächstfolgenden Wagen gefährlich rächen könnte.

Zum Åland-Archipel gehören rund 6500 namentlich benannte Inseln und Inselchen, die zwischen Schweden und Finnland aus dem Meer ragen. Die Eiszeit hat sie unsortiert hinterlassen, hat sie willkürlich zwischen die Landmassen gestreut. Naturgewalten sind nicht ordnungsliebend. Hinzu kommen ungezählte namenlose Felsen, die unvermittelt aus der Ostsee ragen, als hätten sie dort vor vielen Jahrtausenden Anker geworfen und seither keine Lust mehr gehabt, weiterzureisen. Als hätten sie gewusst, dass irgendwann Schiffe erfunden würden, die man foppen und zur spaßigen Hindernisfahrt würde zwingen können.

Busfahrer Klaas Södersteen ist jeden Tag zwischen der finnischen Festlandhafenstadt Turku und Torsholma auf der östlichsten größeren Åland-Insel Brändö unterwegs und mag nicht ganz glauben, dass diesmal einige seiner Passagiere von Åva auf Brändö aus per pedes weiterreisen wollen. Bis an die Bushaltestelle hat ihnen der Fahrradverleiher die Drahtesel gebracht. Klaas grinst bei der Verabschiedung: »Wann immer ihr mir während der kommenden Tage begegnet, könnt ihr erschöpft winken. Ich stoppe dann auf offener Strecke – und verlade die Fahrräder unten in den Bus, wo sie den Gegenwind nicht mehr spüren.« Er grinst noch breiter.

Seine Route endet in Torsholma auf Brändö, die Radler dieses Morgens aber wollen über fast ein Dutzend weiterer Eilande hinweg bis zur Inselhauptstadt Mariehamn strampeln. Klaas kann sich nicht entscheiden, ob er mehr Energie fürs Kopfschütteln oder fürs Winken aufbringen soll. »Kuriose Fremde«, wird er denken. »Adjö«, sagt er – »auf Wiedersehen«. Auf Schwedisch.

In den Satteltaschen steckt das Nötigste für die nächsten Tage: Badesachen und Regenumhang, Saunahandtuch und Flickzeug fürs Fahrrad. Andere Verkehrsteilnehmer sind dünn gesät. Zwar ziehen nach jeder Fähranlandung auf den ersten hundert Metern Asphalt Holzlaster und Milchtankwagen an den Pedalrittern vorbei, doch danach sind Autos auf den ebenso gut ausgebauten wie einsamen Inselstraßen die absolute Ausnahme – obwohl angeblich europaweit nur in Monaco mehr Personenwagen pro Einwohner angemeldet sind als auf den Ålands. Die scheinen auf den Inseln gut verteilt zu sein und selten ausgeführt zu werden. Anders ist das nur in Mariehamn, jener Ortschaft, die immer dann gemeint ist, wenn die Åländer – ganz egal in welchem entlegenen Zipfel des Archipels – geradezu ehrfurchtsvoll von »der Stadt« sprechen. Für sie sind zwei Holzhütten bereits ein Dorf und drei Häuser eine Stadt. Mariehamn wird so zum New York der Ålands und ist spätestens deshalb eine multikulturelle Metropole von Rang, weil es dort ein vietnamesisches Restaurant und eine Boutique mit Mode aus Italien gibt.

Politisch gehört die Inselwelt mit ihren rund 25.000 Einwohnern – knapp die Hälfte davon in Mariehamn – zu Finnland, obwohl auf den entmilitarisierten Eilanden fast ausschließlich Schwedisch gesprochen wird. Fischer Alf Isaakson auf der Åland-Insel Föglö stellt Zufallsgästen vom Festland stets ungefragt seinen in der Sonne dösenden Kater vor, um bei dieser Gelegenheit vor allem die Begründung für seine Namensgebung loszuwerden und auf die Reaktion zu warten: »Gustav heißt er. Wie der König von Schweden …«

Festlandfinnen und Åländer begegnen sich

stets frotzelnd und mit gewisser Skepsis. Ein Abgeordneter des finnischen Reichstags schlug vor Jahren sogar vor, die Ålands mitsamt den eigensinnigen Insulanern doch am besten gegen das seit dem Zweiten Weltkrieg russisch besetzte und bis dato finnische Ostkarelien einzutauschen … Die finnisch-åländischen Animositäten haben ihre Wurzeln in der Geschichte. Während die große Mehrheit der Insulaner nach dem Ende der russischen Vorherrschaft für den Anschluss an Schweden votierte, beanspruchte Finnland die Ålands schon 1917 unmittelbar nachdem es seine Unabhängigkeit von Russland erklärt hatte. Zuvor hatten dort abwechselnd vornehmlich Schweden und Russen das Sagen, und schon im Frieden von Paris 1856 wurde die Inselgruppe zu »neutralem Gebiet« erklärt. Der Völkerbund befasste sich 1921 mit dem Problem und sprach den Archipel allen Einsprüchen zum Trotz Finnland zu – allerdings unter zahlreichen Auflagen.

Die Ålands genießen seitdem einen souveränitätsähnlichen Status, der beispielsweise Reedern finanzielle Vorteile beschert, wenn sie ihre Schiffe auf den Inseln registrieren. Offenbar lohnt es sich, denn zumindest im Ostseeraum prangt ungewöhnlich oft der Heimathafen-Schriftzug »Mariehamn«, alternativ das gleichbedeutende finnische »Maarianhamina« am Heck der Handelsschiffe. Darüber hinaus darf die Inselregierung eigene Briefmarken herausgeben. Und an den Fahnenmasten wird eine eigene åländische Flagge vom Wind gezaust: ein rot-gelb abgesetztes skandinavisches Kreuz auf blauem Grund.

Trotz mancher verwaltungsrechtlicher Distanzen und des ausgeprägten åländischen Selbstbewusstseins fühlen die Insulaner im Zweifel eher finnisch. Sie sehen sich selten vor die Wahl gestellt und vermeiden jede Festlegung, die mit dem åländischen Patriotismus kollidieren könnte. Trotzdem jubeln sie zu Hause vorm Fernseher mit den Finnen, wenn »ihre« – sie würden lieber sagen: deren – Nationalmannschaft die Schweden beim Eishockey besiegt. Vielleicht nur, weil Zuschauen so langweilig wie der Winter werden könnte, wenn man für beide fieberte …

Alteingesessene Insulaner – und das sind fast alle – fürchten sich davor, Festlandschweden könnten die Inseln eines Tages im Handstreich aufkaufen und eine riesige Ferienhauskolonie daraus machen. Deshalb ist das åländische Heimatrecht als Selbstschutz gegen den verspotteten »Volvo-Imperialismus« der nahen Nachbarn eng ausgelegt. Ausländern wird es fast unmöglich gemacht, auf den Inseln Besitz zu erwerben – Europäische Union hin oder her.

Der Wind auf Brändö hat etwas gegen Radler. Er weht immer aus der falschen Richtung. Nie von hinten, nur von vorn. Und meistens heftig. Er dreht, wenn die Straßen ihren Verlauf ändern und passt sich jedem neuen Kurs an. Im Zweifel schafft er es, gleichzeitig aus allen Himmelsrichtungen zu wehen. Sei´s drum.

Brändö besteht im Wesentlichen aus Brücken, die karge Felsen mit anderen Felsen verbinden, auf denen kleine Wäldchen stehen. Man hat sie hinter sich gelassen, ehe man einmal in einen anderen Gang geschaltet hat – egal ob per Fahrrad oder per Auto. Die nächste Brücke führt auf den nächsten Felsen und auch das nächste Wäldchen auf dem übernächsten Felsen ist schon wieder in Sichtweite. Brändö an der Ostflanke der Ålands ist eher ein eigener Archipel als eine einzelne Insel. Und Brändö ist der Rückzugsort von Kristina.

Ihr Nachname bleibt im unkomplizierten Skandinavien auf der Strecke. Selbst im Örtchen Fiskö an der Nordspitze kennt ihn niemand. Mit strahlenden Augen und der Fähigkeit, andere für die skurrilsten Ideen zu begeistern, erzählt sie von ihrem »Institutet för levande föda«, das sie dort vor einigen Jahren gegründet hat. Das Sanatorium stört keinen, aber umgekehrt würde es auch niemand vermissen – erst recht keiner von den verschrobenen Åländern. Wörtlich übersetzt bedeutet es ungefähr »Institut für Lebendfutter«.

Als vermeintliches Allheilmittel für eine unübersichtliche Vielzahl von Krankheiten kredenzt Kristina Patienten und Naturfreaks, die sich bei ihr je nach persönlicher Sichtweise zu Behandlung, Erholung oder Verpflegungsfolter mit Absicht oder aus Versehen einquartieren, dreimal täglich ausschließlich Grünzeug in, vorsichtig gesagt, sehr reduzierter Zubereitungsform. Vor allem åländische Radieschen, unter

Kunstlicht kellergezogene Keimlinge verschiedenster Art und japanische Import-Trockenalgen, dazu frisches Quellwasser. Kein Wunder, dass es folgerichtig in der Küche ihres sanatoriumsähnlichen Hauses keinen Herd und keine Feuerstelle gibt. Rohkost ist angesagt, denn bringt man Gemüse in Topf oder Pfanne um, kann es nicht mehr als »Lebendfutter« auf den Teller kommen. Roh ist wirklich roh, und schon eine Prise Salz, irgendein kühnes Gewürz oder eine diskrete Beilage könnte die Heilkraft eines Radieschens beeinträchtigen und bleiben deshalb verbannt.

So sehr Kristina für ihr Projekt einnimmt, so groß wird die Skepsis beim unattraktiv-faden Selbstversuch mit dem Trockenalgen-Snack – erst recht nach einem muskelkaterträchtigen Gegenwindritt. Da kann auch das hausgemachte Öko-Dressing aus in irgendeine Richtung drehendem Lebendjoghurt nur noch wenig retten. Genau genommen: nichts.

Lange, erzählt sie, habe sie als Zugewanderte ohne åländische Vorfahren gegen Vorbehalte und Widerstände der alteingesessenen Bauern und Fischer von Fiskö kämpfen müssen. Erst habe man ihr gar kein Haus vermieten, kein Land verpachten wollen. Selbst Wegerecht sei ihr zeitweise verweigert worden. »Inzwischen bin ich zumindest einigermaßen akzeptiert.« Sie lächelt, kaut einen Algen-Snack und nippt an ihrem Weizengras-Drink. Gerade erst hat sie die jungen Halme pflückfrisch durch die Mangel gedreht und den grünen Extrakt mit ein wenig

Wasser gestreckt: »Ein kleiner Schluck stärkt. Ein ganzes Glas würde nur müde machen.« Seit die Nachbarn gemerkt haben, wie angenehm verschroben Kristina und wie selbstgestrickt und konsequent ihre Philosophie ist, mögen sie sie insgeheim. Aus ihr könnte eine typische Åländerin werden. Ein paar Generationen Training könnten genügen.

Der Magen knurrt noch lautstark und unnachgiebig, doch Kristina wäre untröstlich, wüsste sie, dass ihre radelnden Gäste dieses Abends in Fiskö den einzigen Taxifahrer auftreiben, dessen Frau wiederum den einzigen kleinen Laden dort führt und vom Gatten umgehend herbeichauffiert wird. Zu später Stunde öffnet sie das Geschäft aus karitativen Gründen zum Privatverkauf und ermöglicht erstmal einen kräftigen Griff in die Wurstauslage. »Das ist nichts Neues«, lacht sie. »Lebendfutter-Urlauber schleichen sich immer wieder mal an, um heimlich was Handfestes zu erstehen …« Auch deshalb mag sie Kristina insgeheim.

Manche Spontaneinkäufer hat sie bereits zu sich nach Hause eingeladen, hat aus einem Reis- und Grießbrei, der mit Eiern, Milch, Zucker und Kardamom versetzt wird, *pankoka* gebacken – die typischen åländischen Pfannkuchen, die dick mit Pflaumenmus bestrichen werden. Traditionsverbundene Åländer werden zum *pankoka* stets von fernen Tagen erzählen und in der Vergangenheit schwelgen, im »Damals«, als es noch Sitte war, Gästen als Aperitif wahlweise *pankoka* oder Likör anzubieten. »Früher«, erzählt die Frau aus Fiskö, »führte der erste Griff immer zum *pankoka,* heute zum Schnaps.« Sie lächelt. Und serviert beides.

Der Wind schläft am nächsten Morgen noch und die Straßen sind so verwaist wie am Vortag. Einsam liegen in satten Farbtönen gestrichene Holzhäuser am Weg. Dunkelrot sind sie, kraftvoll gelb, manchmal dunkelgrün. Und alle haben sie Blumenkästen.

Im Hightech-Finnland hatten die Ålands die erste Chipsfabrik der Nation. »Es ist die einzige Industrieansiedlung der Inseln«, erzählt ein redseliger Bauer in holperigem Englisch während der Fährüberfahrt von Torsholma im Süden Brändös zur Insel Kumlinge. »*Talar ni engelska* – sprechen sie Englisch?«, hat er vorher gefragt, nachdem seine schwedischsprachige Kontaktaufnahme nur mit freundlichen Schulterzucken und einem etwas hilflosen Lächeln beantwortet wurde. Er lehnt an seinem Traktor, hat den Anhänger voller Kartoffeln. Er sei einer der wichtigsten Zulieferer dieser Fabrik, sei jetzt gerade wieder auf dem Weg dorthin. Jede zweite Åland-Kartoffel werde dort verarbeitet: zu wunderbaren Chips mit Biss, die nach ganz Finnland verkauft würden und die besten überhaupt seien, neuerdings auch in den Geschmacksrichtungen Paprika und Zwiebel. Den gesamten Ertrag seiner Ländereien verkaufe er dorthin. »Gut«, meint er, »dass es unsere einzige Fabrik ist. Dann bleibt alles angenehm dörflich, so herrlich schwedisch und trotzdem ein bisschen finnisch.« Was immer er damit meint.

Bei den Bewohnern der Insel Kumlinge scheint der åländische Patriotismus besonders ausgeprägt zu sein. Das eigene Inselbanner flattert vor jedem Gehöft, vor allen Häusern. Wieder sind die Straßen einsam – Menschen sieht man nur selten: beim Einkaufen in winzigen Geschäften, vereinzelt bei der Gartenarbeit vor ihren roten Holzhäusern. Sonst nicht. Wenn sich mal welche treffen, fällt die Begrüßung so herzlich und wortreich aus, als wäre Sichtkontakt etwas Seltenes und die direkte Begegnung die absolute Ausnahme. Als wäre das Gegenüber gerade mindestens von einer Weltreise zurück. Weil Menschen so selten sind, kann auch jeder Fremde – und sei es im Vorbeifahren – fest auf einen Gruß zählen.

Betagte Bockwindmühlen recken ihre Flügel am Wegesrand in den Wind und versuchen abzuheben, als würden sie heimlich von Insel zu Insel rotieren. Direkt neben Bauernhöfen stehen sie oder unerklärbar weit von ihnen entfernt hoch oben auf von Heidekraut umwucherten Felsplateaus. Hier sind die Windmühlen noch ländlicher Alltag, während sie auf der Insel Sund – nicht weit von Mariehamn – im Freilicht-Heimatmuseum Jan Karlsgården bereits zum historisch-musealen Repertoire der Åland-Inseln gehören. Als ob die heimliche Weltstadt ausstrahlte und in ihrer Nähe Altes nur noch im Museum geduldet würde.

Neben der Straße zaubert die nordische Sonne silberne Schleier auf das stille Wasser felsiger Buchten. Wieder klammern sich windschiefe

Bootshäuser auf altersschwachen Holzstelzen an den Granit. Im Gegensatz zu den farbenfrohen Wohnhäuschen sind sie hier von einer Aura des Morbiden umgeben. In ihrem Inneren verbergen sie die Synonyme des Sommers, wenn das Meer zur dunkelblauen Spielwiese wird, als vergrößerten die Ålands ihre Fläche plötzlich um ein Vielfaches. Boote aller Bauarten, Klassen und Größen warten dort darauf, bei schönem Wetter ausgeführt zu werden. Im Hochsommer spielt sich das Leben auf dem Wasser der Schären zwischen den Inseln ab. Einen Åländer ohne Boot gibt es nicht. Es ist wichtiger noch als die Insulanerbibel, als das Fahrplanheft der Skärgårdstrafiken.

Auf der Insel Föglö scheinen die gletschernen Schutzmäntel urzeitlich abgeschliffener Felsen erst vor Stunden abgetaut zu sein. Moos in allen Nuancen von Grün zieht sich über sonnengewärmte Felsen am Ufer der Buchten, wo sich Blindschleichen und Kreuzottern sonnen und Verkehrsschilder unsichtbare Autofahrer vor »Elchwechsel« warnen.

Bis Anfang der achtziger Jahre hat es diese Art Großwild auf den Åland-Inseln nicht gegeben, dann aber, so mutmaßt man zumindest, müssen verschiedentlich im Frühjahr bei Tauwetter auf Eisschollen gefangene Elche angetrieben worden sein. Auf einigen Inseln sind sie heutzutage keine Seltenheit mehr. Zumindest tun die Verkehrsschilder so – auch wenn Busfahrer Klaas Södersteen während seiner täglichen Touren auf den östlichen Inseln des Archipels noch nie einen gesehen hat. »Ich schwöre«, hatte er sogar gesagt – und dann mit den Augen gezwinkert: »Und vor Radfahrern haben Elche besondere Angst …«

Fasta Åland nennen die Insulaner ihre große Hauptinsel: »Festland« – obwohl auch sie bei genauerem Hinsehen aus mehreren eng beieinander liegenden Inseln besteht, wo Fähren überflüssig sind, weil die Eiszeit das Land über dem Meeresspiegel nicht auseinandergezerrt hat und dort Brücken genügen, um die schmalen Meeresarme zu überspannen. Den Bewohnern hier – geografisch weit näher an Schweden als an Finnland – wird nachgesagt, sie seien dermaßen »schwedophil«, dass sie den Schirm aufspannten, wenn es in Schweden zu regnen begänne …

Christer Antman ist echter Åländer – und wäre er es nicht, man hätte ihn sofort dazu ernannt. Er ist schräg genug, trägt drinnen wie draußen und wahrscheinlich sogar rund um die Uhr eine Baskenmütze – und hat bis vor kurzem Schnecken gezüchtet. Die Kopfbedeckung mit Schraubverschluss war das Mitbringsel einer kombinierten Spanien-Frankreich-Reise, während der er die Stammväter und -mütter des jungen Unternehmens zusammengekauft hat. Der Traum von Christer und Erika Antman war es, ihren schleimigen Hausstand bald kräuterbuttergetränkt Gourmet-Rachen im eigenen Schnecken-Spezialitätenrestaurant hinuntergleiten lassen zu können. Bis dahin wurden die ausgewachsenen Viecher an andere Feinschmeckertreffs verkauft. Und auch Visitenkarten mit wohlklingenden Titeln wie »Managing Director« zum ebenso wohlklingenden Firmennamen hatten die beiden Schneckenfarmer bereitwillig in Umlauf gebracht. Trotzdem haben die Gründer ihre schleimige Farm inzwischen in andere Hände übergeben. Nun geben sich Olle und Benita Strömberg mit den Schnecken ab. »Ålandia Escargots« prangt in roter Schrift auf weißem Grund auf dem Firmenschild am Hauseingang. Die åländische Weinbergschnecken-Farm ist nur eine Straßenbiegung vom grobschlächtig-grauen Schloss Kastelholm auf der Insel Sund entfernt.

Der klobige Berner Sennhund der Strömbergs hat wenig übrig für die glitschigen Viecher, denen Herrchen und Frauchen so viel Aufmerksamkeit schenken. Nicht mal apportieren darf man sie, geschweige denn, dass sie jemals hundgerechte oder auch nur irgendwie interessante Geräusche hervorgebracht hätten. Doofe Spielgefährten.

Die ersten Zuchterfolge peppeln die Strömbergs in drei angenehm feuchten Zimmern auf. *Levande föda* sozusagen. Sehr lebendig. Kristina aus Brändö würde sich grausen, aber den alteingesessenen Nachbarn gefällt das Projekt. Es ist wundervoll schratig und originell inszeniert, hat bei *pankoka* und Schnaps den besten Weitererzählwert. Und sollte es gut laufen, es würde womöglich die wirtschaftliche Abhängigkeit der Bauern von der Kartoffelchipsfabrik verringern und das agrarische Leistungsspektrum der

Inseln gewaltig diversifizieren. So etwas kann nie schaden. Nicht mal hier. Und auch der Standort ist clever gewählt, falls Export irgendwann ein Thema würde. Die Weltstadt Mariehamn ist maximal 15 Autominuten entfernt. Sie hat einen Flughafen. Sie hat ein Fährterminal. Paris, Rom oder Tacatuca wären schnell erreicht. Mariehamn nimmt eine Ausnahmestellung ein. Man kann abreisen, ohne ins Fahrplanheft der Skärgårdstrafiken schauen zu müssen.

Man kann aber auch bleiben, denn die Kleinstadt ist hübsch, hat breite Lindenalleen, viel Grün und keine Pacman-Automaten. »Ist sie nicht groß, ist sie nicht schön? Schauen Sie nur!«, schwärmt Gunilla Nordlund von ihrer Miniaturmetropole und weist mit der Hand auf das Panorama vor ihrem Bürofenster. Sie muss von Berufs wegen schwärmen und tut es dennoch aus Überzeugung. Gunilla arbeitet bei Ålands Turist in Mariehamn, dem Fremdenverkehrsbüro der Inselwelt. Sie weiß alles über ihre heißgeliebte Heimat – bis auf den Nachnamen von Kristina aus Brändö. Sie steht immer auf der Seite der finnischen Eishockey-Nationalmannschaft, hat ihre Vorbehalte gegen Weinbergschnecken, hasst Pacman, liebt Fähren, Felsen, Kartoffelchips, schwärmt von »unseren herrlichen Herbststürmen hier«. Und sie hat das Fahrplanheft der Skärgårdstrafiken auf dem Schreibtisch liegen.

Am vierten roten Briefkasten links

Ferienhausurlaub im Saimaa-Seengebiet: wo der Elch auf der Veranda vorbeischaut

»Am vierten roten Briefkasten östlich des Ortsausgangs links, danach knapp zehn Kilometer weit dem unbefestigten Waldweg folgen. An der fünften Gabelung rechts abbiegen, etwa siebenhundert Meter geradeaus, beim gelben Briefkasten wieder rechts.« Was sich wie verworrene Wegweisungen zum versteckten Treffpunkt zweier Aushilfsagenten liest und in der Fantasie den unmittelbar bevorstehenden Auftritt aller Größen des Genres erwarten lässt, entpuppt sich in Wirklichkeit als die um Präzision bemühte Wegbeschreibung zu einem Ferienblockhaus direkt am Ufer des Kesälahti-Sees im finnischen Saimaa-Seengebiet – und schließt mit »angenehmen Aufenthalt«.

Straßennamen, Läden, Kirchtürme oder auch nur Hausnummern als Orientierungshilfen gibt es im skandinavischen Urwald rund 230 Kilometer östlich von Helsinki nicht mehr. Nicht auf den Forstwegen und Pisten abseits der asphaltierten Landstraßen. Nur immer neue Abzweigungen ins immer gleiche Grün. Und gelegentlich Briefkästen, von denen manche nicht rot sind. Zum Glück. Farbenfreude erleichtert die Orientierung. Die dazugehörigen Häuser sind von den holperigen Waldwegen aus nie zu erkennen. Sähe man den Nachbarn – und sei er noch so nett –, wäre die Enge zu groß. Finnen würden von »dichter Bebauung« sprechen. Sich wie in einer Großstadt fühlen. Die Natur vermissen. Wenn ein fremder Schornstein am Horizont zu sehen ist, dann sollte mindestens ein See dazwischen liegen.

Das Info-Faltblatt des Ferienhausvermieters erfordert Spürsinn und offene Augen. Allzu leicht könnte man eine der Gabelungen übersehen oder den orangenen Briefkasten kurz hinter der Landstraße bereits voreilig als einen der vier roten werten und mitzählen. Allzu oft verzetteln sich Fremde hier bei der Suche nach ihrem gebuchten Quartier. Schlimm ist das nicht. Es gehört dazu, wird quasi erwartet. Und ist ein typisches Finnlanderlebnis.

Im Zweifel bleibt nur, den Weg bis zur letzten verbürgten Gabelung oder zur letzten befestigten Landstraße zurückzufahren und es mit dem Vermieterfaltblatt auf dem Schoß ein zweites Mal zu versuchen. Oder ein drittes. Manchmal noch öfter. Es spricht deshalb einiges dafür, bei Tageslicht anzureisen. Und es ist vor allem vor diesem Hintergrund eine nette Geste der Natur, dass es in Finnland während der sommerlichen Ferienhaussaison so spät dunkel wird.

Die Wegbeschreibung beim dritten Ferienhaus-Find-Versuch in einem spontanen und sehr unnordischen Gefühlsausbruch zu zerknüllen und aus dem Autofenster zu schleudern, hilft nur beim Aggressionsabbau. Dem Vermieterzettel ist man ausgeliefert, denn sich alternativ bis zum Ziel durchfragen zu wollen, scheidet aus. Wo keine Menschenseele unterwegs ist und es keinen Gegenverkehr gibt, sind potenzielle Adressaten für die Frage nach dem richtigen Weg rar. Also: wieder mit dem vollbeladenen Urlaubsauto zurücksetzen, nach dem zerknüllten Zettel zwischen Moosen und Farnen suchen, weitersuchen, kurz toben, nochmal weitersuchen, irgendwann auflachen, aufgeben, entspannen, in den Spurrillen des Waldwegs rangieren, mühsam wenden, zurück zur Straße, dasselbe nochmal von vorn und nochmal zählen. Diesmal aus der Erinnerung. Viermal knallrot, dann links. Der Tacho weiß es genau: nach 9,8 Kilometern die fünfte Gabelung. Rechts einschlagen. Hüfthohe Sumpfgräser scheuern auf dem engen Weg an der Karosserie, Birkenäste gravieren Grüße aus der Wildnis in den Dachlack. Der Beginn von Ferien am Rande der Einsamkeit, irgendwo in den Wäldern Ostskandinaviens – fernab aller Großstadthektik, fernab von Zivilisationslärm. Weit weg vom Asphalt, von Straßennamen und Hinweisschildern. Genau das, was man sich gewünscht hat. Das, weswegen man hergereist ist. Einsamkeit. Weite. Stille. Natur. Was macht es da schon aus, dass sich die letzten Kilometer der Anreise ziehen, sogar dehnen. Und dass es der sonst so plapperfreudigen, festinstallierten Pfadfinderin im Navigationssystem längst die Stimme verschlagen hat. Sie schweigt. Schon lange. Das ist sehr gut so. Es macht die ersehnte Einsamkeit umso glaubwürdiger.

Und wäre da nicht das Transistorradio Baujahr 1938 auf dem Fenstersims der Ferienhausküche, dann blieben fremde Stimmen vollständig ausgesperrt. Neue Heimat für Aussteiger auf Zeit. Ein Flecken, um die Unerreichbarkeit auszukosten. Das Land der zweihunderttausend Seen bietet vielen Platz, ohne dass die Individualdistanz deshalb schrumpfen muss. Den Einheimischen sowieso und im Sommer zusätzlich den Feriengästen aus der überbevölkerten und von nummerierten und mit Namen versehenen Straßen durchzogenen Mitte des Kontinents.

Dem Kurzwellenempfänger gelingt es nur, finnischsprachige Sender und den Funk des nahen Nachbarn Russland einzufangen. Wer das Glück hat, keine der beiden Sprachen zu verstehen, bleibt von den neuesten Meldungen über Politikerrücktritte, Erdbeben und Flugzeugabstürze einen Urlaub lang verschont. Einzig der Handyempfang ist wie überall im Nokia-Finnland ausgezeichnet, aber das lässt sich notfalls ignorieren – oder torpedieren, wenn man mit Absicht das Ladegerät zu Hause vergisst.

Wer es zwischendurch gern mal gesellig hätte, müsste quer über den See zum nächstgelegenen Gebäude rudern. Das Boot ist im Mietpreis eingeschlossen und wartet gut vertäut am hauseigenen Steg. Feuerholz für Kamin oder Saunaofen ist an der Hauswand gestapelt. Und für den Fall der Fälle hängt die Seenkarte als Orientierungshilfe gerahmt an der Wand – Maßstab 1:50.000. Wen es auf den See hinauszieht, der muss sie vom schützenden Glas befreien und mit auf große Fahrt nehmen.

Irgendein Vormieter hat einen Zettel an die Pinnwand in der Küche geheftet: »Achtung, auf dem See hinter 1. und 2. Landzunge in östlicher Richtung nach etwa vierhundert Metern Ende. Nur schmaler werdende Buchten. See setzt sich nach 3. Landzunge fort.« Man denkt offenbar aneinander, hilft sich mit Tipps und Erfahrungsberichten, ohne sich je begegnet zu sein.

Jeder Meter Seeufer sieht hier aus wie der nächste. Erst Schilf, dahinter Birken, dazwischen ein paar unterschiedlich hohe Tannen, manchmal ein kleiner, lehmbrauner Strand, nie Briefkästen, selten am Ufer ein Steg und irgendwo in der Ferne ein Schornstein. »Ihr fahrt zweimal um eine Kurve, lasst nur eine Landzunge hinter euch und habt bereits die Orientierung verloren«, hat Ferienhausvermieter Vesi Karpinnen aus Savonlinna noch gewarnt, als die Teilzeit-Aussteiger am Vormittag Hausschlüssel und das spionageromanreife Faltblatt mit der Anfahrtsbeschreibung vorm Start in die Wildnis in seinem Stadtbüro abgeholt haben.

Im Gewirr des Seengebiets in Ostfinnland, dessen Fläche 4400 Quadratkilometer ausmacht, ist Verirren fast zu erwarten. Auf den Waldwegen sowieso, auf dem Wasser ebenfalls. Sogar einen Kompass mitzunehmen, hat Vesi seinen Gästen nahegelegt, ehe sie anstelle eines Ruder-Kurzausflugs vom Basislager Ferienhaus aus womöglich tagelang umherpaddeln müssten und irgendwann erst im fernen Kuopio wieder aus dem Labyrinth herauskämen. Er hatte gelacht und offengelassen, wie ernst der Rat gemeint ist.

Verhungern müssten selbst verirrte Ruderer nicht. Das Saimaa-Seengebiet gilt als außergewöhnlich fischreich. Ein Anglerwettbewerb, der hier alljährlich im Juni stattfindet, lockt Teilnehmer aus ganz Finnland an – weniger wegen der Fische, mehr wegen des ausgeschriebenen Preises für den erfolgreichsten Angler. Es ist die einzige Zeit des Jahres, wo man auf den Waldwegen und auf dem Wasser andere Menschen trifft und sich gegenseitig den Weg weisen kann.

»Der Hauptpreis für den dicksten Fisch ist ein Grundstück am See. Komplett mit bezugsfertigem Sommerhaus. Gestiftet vom Fischereiverband«, erzählt Karpinnen. Über neunhundert Boote dümpeln dann auf dem ansonsten menschenleeren Kesälahti-See: »Wer binnen fünf aufeinanderfolgender Wettbewerbsjahre den insgesamt dicksten Fisch aus dem Gewässer gezogen hat, bekommt diesen Hauptpreis.« Undenkbar in Mitteleuropa, wo Angler zwar durchaus wettbewerbswütig sind, sich normalerweise aber mit Blechpokalen und einem Schwarzweißfoto in der Lokalzeitung zufriedenstellen lassen. Im Saimaa-Seengebiet ist das anders. Der Name des Gewinners bleibt dennoch Schall und Rauch. Vesi Karpinnen hat ihn längst vergessen. Nur an den Fisch kann er sich erinnern: »Beim letzten Mal war's eine Forelle, und gewogen hat sie 2730 Gramm!«

Das Animationsprogramm am Rande der

Einsamkeit beschränkt sich ansonsten auf Selbstinszeniertes. Dart Spielen zum Beispiel – Pfeile Werfen auf eine Scheibe, die an der Außenwand des Blockhauses befestigt ist. Aufs Schwimmen im klaren Seenwasser oder aufs Holzhacken fürs abendliche Kaminfeuer oder für den Ofen der obligatorischen Sauna. Aufs Kochen oder Vor-sich-hin-Träumen, auf Lesen, Schweigen, Abschalten. Das Auto parkt vorm Haus und ist doch unendlich weit weg. Wozu etwas unternehmen, wozu wegfahren? Schließlich müsste man – so man wegführe – auch zurückfinden und das strengt viel zu sehr an. Also dableiben, weiter abschalten.

Die betagte Membran des Radiolautsprechers quetscht immer neue karelische Volksweisen in den Raum, während auf dem Herd bereits Pfannkuchen brutzeln, die darauf warten, dick mit selbstgepflückten Blaubeeren bestrichen zu werden. Finnischer Moltebeerenlikör steht als »Verteiler« griffbereit. Eine verirrte Mücke sirrt durchs Lampenlicht.

Harziger Geruch macht sich breit, der von den geschälten Kiefernstämmen ausgeht, aus denen das Haus zusammengezimmert ist.

Die Füße baumeln spätabends vom Steg herunter ins wohligwarme Wasser. Sanft plätschern kleine Wellen ans Ufer und rollen schon nach ein paar Zentimetern am schmalen, lehmigen Strand aus. Blicke gleiten über den stillen See. Die Sonne ist gerade untergegangen, macht dem Mond für zwei, drei Stunden Platz, doch finster wird es nicht. Die Farbe Schwarz gibt es im skandinavischen Sommer nicht. Die Farbe Nachtblau dürfte hier erfunden worden sein.

Von Mitte Mai bis Mitte Juli wird es kaum dunkel. Davor und danach, bis Mitte April und wieder von Mitte August an, ist es hier bei Nacht stockfinster – keine unermüdliche Mitternachtssonne, keine Autoscheinwerfer, keine Straßenlaternen, einfach gar nichts. Nur die passende Dunkelheit zur völligen Stille.

Gedanken kreisen irgendwo in der Luft, tanzen auf den Miniaturwellen. Ziellos und planlos. Ohne Orientierung. Einfach rundum entspannt. Nichts und niemand stört. Ist das Radio still, dann bleiben nur die Stimmen der Tiere. Die der Waldeulen zum Beispiel.

Allenfalls das Sirren mancher Mücken dringt ansonsten noch ans Ohr. »Den einen«, hatte Vesi gesagt, »den einen stört es, dass hier beizeiten zu viele Mücken unterwegs sind, den anderen, dass zu wenig Abgase in der Luft sind.« Er legte seinen Dreitagebart in fröhliche Falten.

Und als er erstmal ins Plaudern gekommen war, erzählte er die Geschichte, wonach kürzlich ausgerechnet ein Kanadier in diesen fernen Winkel Finnlands ausgewandert sei. Der habe endlich seine Ruhe haben und unbehelligt mitten in der Natur leben wollen. In Kanada ginge das nicht – viel zu dicht besiedelt sei es dort, viel zu viel los gewesen … Dichtung oder Wahrheit? Die Grenzen sind fließend. Ein Bauer hört etwas, erzählt es Tage später bei günstiger Gelegenheit dem Krämer in Kerimäki weiter, fügt etwas hinzu, lässt etwas anderes weg. Der wiederum erzählt es dem Fischer, von dem hört es Vesi …

Ähnlich verhält es sich mit der Story vom Affenmenschen, der in den Wäldern jenseits der finnisch-russischen Grenze in Ostkarelien herumtrampeln soll. Irgendwo im Dickicht hause er dort. Und immer dann tauche er auf, wenn die Lokalzeitungen mal wieder einen Knüller brauchten. Schöne Grüße vom Yeti. Sehr viel wahrscheinlicher als ein Tête-à-Tête mit dem skandinavischen Flachlandkumpel des Himalaya-Schneemenschen ist, frühmorgens einen irritiert dreinschauenden Elch vor der Ferienhausveranda entlangtraben zu sehen. Am dritten Tag wird es so weit sein. Spätestens. Und könnte der Elch sprechen, er würde sich hilfesuchend nach dem Weg erkundigen wollen.

Aus Eis geboren

Lumi Linna bei Kemi: in der größten Schneeburg der Welt

Raija Palonpää ist arbeitlos geworden, weil es zu wenig Todesfälle gibt. In Kemi sterben wenige Menschen, weil dort nicht viele leben. Ihr Chef war Steinmetz und verdiente mit seinen Grabsteinen nicht mehr genug, um damit mehr als nur sich selbst zu ernähren. Zwei Jahre lang suchte sie einen neuen Job in der nordfinnischen Kleinstadt, die auf derselben geografischen Breite wie Südgrönland und Zentralalaska liegt.

Jetzt hat sie ihn. Er ist befristet auf die Zeit von Anfang Februar bis Ende April und für die 31-jährige Frau dennoch mehr als nur ein Lichtblick. Halbtags assistiert sie in diesen Monaten dem Eisskulpturenkünstler Mauri Markkanen. Die andere Hälfte des Tages hockt sie im Kassenhäuschen der Schneeburg Lumi Linna und sammelt die Eintrittseuros der Besucher ein.

1995 hatte Seppo Lankinen die Idee mit der Festung aus Eis. Die strukturschwache Region am Nordzipfel des Bottnischen Meerbusens brauchte ein Attraktion, um Menschen von anderswo in diesen Winkel Finnlands zu locken. Um sie zum Geldausgeben zu bewegen. Um Hotels und Restaurants zu füllen, den Tourismus anzukurbeln. Und um Jobs zu schaffen.

Die größte Schneeburg der Welt sollte es werden, jeden Winter sollte sie aufs Neue entstehen. Sie sollte das strahlendste, das schönste, das originellste Projekt gegen die Arbeitslosigkeit weit und breit werden. Und das Kälteste. In Lankinens Fantasie nahm das Projekt in kürzester Zeit Formen an, mit seinen Skizzen, seinen Plädoyers überzeugte er den Gemeinderat. Die Burg sollte entstehen aus Material, das möglichst wenig kostet, im Idealfall vom Himmel fällt und in diesen Breiten die Hälfte des Jahres im Übermaß vorhanden ist.

Für Kemi ist Lumi Linna längst ein Gewinn. Rund eine halbe Million Euro aus Steuergeldern investiert die Gemeinde alljährlich in den Bau. 140 Saisonarbeitsplätze entstehen jeden Winter rund um die Schneeburg. Und über dreihunderttausend Besucher strömten in den vergangenen Jahren in der Zeit von Anfang Februar bis Mitte April nach Kemi, um das glitzernde Machwerk der Leute um Lankinen zu bewundern. Sie ließen ein Vielfaches der Investitionskosten in die Kassen der Gemeinde zurückfließen. Eine Studie spricht von bis zu fünf Millionen Euro an zusätzlichen Steuereinnahmen pro Jahr. Trotzdem muss Seppo sich immer noch regelmäßig mit engstirnigen Gegnern in der einheimischen Bevölkerung auseinandersetzen, die weder Wert noch Reiz der Burg erkennen und im April einzig die Gelder dahinschmelzen sehen.

Mauri Markkanen zählt zu den klaren Befürwortern. Der hünenhafte Künstler stattet die

Burg mit Eisskulpturen aus, die er in seinem Schnee-Atelier oberhalb der Festung formt. Vormittags hilft Steinmetzgesellin Raija ihm nun dabei. Nur eine halbe Stunde braucht Markkanen, um mit Motorsäge und Lötkolben aus Eisquadern von einem Meter Seitenlänge Schwäne herauszuarbeiten, Eisbären erscheinen zu lassen, Seehunde zu zaubern. Tiere und Objekte, von denen nur er weiß, dass sie in den Quadern vorhanden sind. Für alle anderen muss er sie erst sichtbar machen.

Der Applaus der Zuschauer ist ihm sicher, wenn wieder eines seiner vergänglichen Kunstwerke der Vollendung entgegenstrebt. Wenn er sich mit der Motorsäge ins Eis frisst, unnötige Ecken und Kanten in rasender Geschwindigkeit wegfräst, als arbeite er mit Butter. Wenn er die röhrende Säge führt, als wäre sie sein Florett. Mit Bunsenbrenner und zweckentfremdetem Scheibenwischer macht er sich an die Feinarbeit, mit einem Lötkolben an die letzten Details.

Raija wird von Winter zu Winter schneller und ist dabei, sich als Eiskünstlerin ebenfalls einen Namen zu machen. Verkäuflich sind die Kunstwerke nicht. Sie sind zu vergänglich, als dass sich ein Investor fände – aber sie machen neugierig, sind Auslöser für Auftragsarbeiten aus Material, das die Zeiten überdauert. Letzten Sommer hat Raija drei Monate lang an Bimsstein- und Granitskulpturen gearbeitet, die ein Kunstsammler bei ihr hat anfertigen lassen, der Monate zuvor ihre Werke in der Schneeburg bewundert hatte. Daran gearbeitet hat sie in der unausgelasteten Grabsteinwerkstatt ihres einstigen Chefs. Nun auf eigene Rechnung.

Ende November beginnen alljährlich die Bauarbeiten für Lumi Linna. Motorsägen kreischen, wenn Arbeiter Eisblock für Eisblock für die Fundamente aus der zugefrorenen Decke des Bottnischen Meerbusens schneiden. Fast zwei Monate dauert es, ehe acht Meter hohe und stellenweise knapp zwei Meter dicke Wälle das Schneeburgareal in der 25.000-Einwohner-Stadt umschließen. Mehr als einen Hektar Grundfläche misst die strahlendweiße Festung, davon über fünfhundert Quadratmeter überdachter Fläche mit Bar, Restaurant, Kunstgalerie, mit Wandelhallen und Emporen, mit Türmen und Aussichtsplattformen.

Die Wände bestehen überwiegend aus Kunstschnee, der mit Schneekanonen aus Grundwasser produziert und zwischen Verschalungen aus Holz oder Blech gespritzt wird, die sechs Stunden später entfernt werden können. »So ist es viel stabiler. Und obendrein weißer«, freut sich Burgherr Seppo Lankinen. Zehn Millionen Liter Wasser werden zu Schnee verarbeitet, 15.000 Kubikmeter der weißen Masse verbaut. Sogar Fenster und Möbel bestehen aus poliertem Ostsee-Eis, und selbst die Gläser, in denen die Drinks in der Schneeburgbar serviert werden, sind aus Eis gedrechselt. Die Temperatur im Inneren der Burg liegt durchgängig bei etwa minus vier Grad – selbst wenn es draußen mal dreißig Grad kälter sein sollte.

In die Schneewände werden jedes Jahr

Strom- und sogar Telefonkabel eingearbeitet, darüber hinaus feinfühlige Sensoren. Die ganze Saison über wird die Innentemperatur der Wände mehrmals täglich gemessen, die Stabilität berechnet. Erst Ende April schieben Bulldozer das Bauwerk zurück in die Ostsee – rechtzeitig bevor die Statik durch das einsetzende Tauwetter leidet. Studenten der nordfinnischen Universität Oulu haben errechnet, dass die Burg bis in den Juni hinein halten würde, doch in Kemi will man lieber kein Risiko eingehen.

Jedes Jahr zeichnet ein anderer Architekt für den Bau verantwortlich, jedes Jahr wird die Schneeburg variiert. Seppo Lankinen machte mit seinem Entwurf 1995 den Anfang, finnische Architekten legten in den Folgejahren nach.

Kerzen flackern im Dämmerlicht, wenn das Brautpaar vortritt und Priester Pertti Telkka die Hände zum Segen erhebt. Ein paar Minuten zuvor hat er den Altar mit Fön und Scheibenwischer glattgeschliffen. Die Traugemeinde ist dick vermummt, die Eltern des Paares hocken auf Rentierfellen: Hochzeit in der Gewölbekapelle von Lumi Linna. Altar, Kreuz, Taufbecken und Kirchenbänke sind aus Ostsee-Eis. Die ökumenische Schneekapelle wird abwechselnd evangelisch-lutherisch oder orthodox dekoriert.

Pertti Telkka hatte auch ohne Schneeburg keine Sorge um seinen Job. Mit Schneeburg aber hat er deutlich mehr zu tun – und freut sich darüber. Mehr als dreißig Paare lassen sich inzwischen im Schnitt jede Saison in seiner komplett aus Schnee und Eis gebauten Kapelle am Nordzipfel der Ostsee trauen und auch Taufen gab es bereits. Sicherheitshalber werden die Täuflinge in so etwas wie einen Strampelanzug aus Rentierfell gehüllt, damit sie die kurze Zeremonie ohne Frösteln überstehen.

Rund um Lumi Linna hat sich ein winterliches Freizeitzentrum entwickelt. Das beginnt bei Hundeschlittentouren, die im Zehn-Minuten-Takt am Burgportal starten, und reicht bis hin zur Möglichkeit, am Parasailing-Fallschirm im Schlepp eines rasenden Motorschlittens in zwanzig Meter Höhe über die zugefrorene Ostsee zu rauschen. Zur selben Zeit hocken Kinder stolz auf dem Kutschbock eines Ponywagens, der von einem einstmals arbeitslosen Mann im Kobold-Dress geführt wird – die Fahrtrunde für drei Euro. Und auch die Kunsthandwerker machen während des Winters gute Geschäfte, seit es die Burg gibt. In den alten (und geheizten) Holzhäusern des Hafenviertels von Kemi ein paar Schritte hinter der Burgmauer verkaufen sie Souvenirs, während nebenan dampfende Lachssuppe und Rentiergeschnetzeltes für die Besucher aufgetischt wird.

Selbst Maskottchen hat die Burg: die zwei kugeligen Schlossgespenster Arttu und Terttu, um die herum Seppo ein Kindermärchen geschrieben hat. Ihre Kostüme sind schmaler geworden im Laufe der Jahre, denn die erste Maskottchengeneration geriet so kugelig, dass die Gestalten durch keine Tür passten. Die Darsteller mussten im Freien möglichst ungesehen hinter einer Schneewand in die roten und blauen

Kugelkostüme mit den gelben Sternchenmustern schlüpfen und zwanzig Minuten später an derselben Stelle durchgefroren wieder herausklettern. Ihr Format hatte sie auf den Burghof als Bühne für ihre Auftritte festgelegt. Inzwischen ist die Verkleidung weniger raumgreifend, sind die Türen breiter geworden …

Wenn die Nacht hereinbricht und das Quecksilber noch tiefer sackt, bekommt das Leben in Kemi Töne. Fast jeden Abend steht Livemusik im Amphitheater der Schneeburg auf dem winterlichen Kulturprogramm. Mal sind es klassische Konzerte, mal ist es ungelenkes Disco-Dancing in Thermohosen und klobigen Fellstiefeln. Die Burg ist zweieinhalb Monate lang winterlicher Treffpunkt der Stadt, der Einheimischen wie der Fremden, ein kurioses nordisches Kulturzentrum, wo bereits Hans Christian Andersens »Schneekönigin« in der Musical-Version inszeniert wurde – in der Titelrolle Tarja Ylitalo, eine der bekanntesten finnischen Schlagersängerinnen.

Obwohl es bei arktischen Temperaturen nicht leicht fällt, eine Stunde im Freien stillzusitzen oder zu stehen, sind die meisten Veranstaltungen ausverkauft. Das beschert Raija Palonpää zusätzliche Arbeit. Abends hockt sie mit Kollegen im Schneeburgbüro in der Innenstadt, zählt Geld, rollt Münzen. Und freut sich, dass Seppo Lankinen, dieser schüchterne Typ mit dem Vollbart, irgendwann Anfang 1995 die Idee mit der Schneeburg hatte. Und dass er beharrlich genug war, sie durchzusetzen. Noch im selben Jahr. Und seitdem immer wieder. Jedesmal anders. Immer erfolgreich. Und stets mit vielen Jobs auf Zeit für Arbeitslose aus der Region. Manche weinen, wenn die Burg unter der Frühlingsonne zu schmelzen beginnt und die Bulldozer anrücken. Doch die Perspektiven sind günstig: Im nächsten November wird alles von Neuem beginnen.

Eisbrechersafari auf der Ostsee

An Bord der zehntausend PS starken Sampo unterwegs vor der finnischen Küste

Jouni Laurila gehört zu den wenigen Kapitänen dieser Welt, deren Schiffe auf hoher See von Rentieren überholt werden. Das liegt zum einen am Fahrtgebiet, zum anderen am Tempo. Laurila kommandiert den zehntausend PS starken Eisbrecher Sampo, der im äußersten Nordzipfel der Ostsee vor der finnischen Küste eingesetzt wird und seinen Heimatliegeplatz in Ajos bei Kemi hat. Trotz der kräftigen Dieselgeneratoren bringt es Sampo im Schnitt auf weniger als zehn Stundenkilometer. Das vierzig bis sechzig Zentimeter dicke Eis fordert seinen Tribut.

Laurila ist bei Wind, Wetter und Eiseskälte ohne freien Tag von der ersten Dezemberwoche bis Ende April täglich im Dienst. Bis zu dreimal am Tag fährt er seinen Vierzig-Kilometer-Rundkurs. Dafür hat er den Rest des Jahres Urlaub und kann sich um Familie, Haus und Garten in Südfinnland kümmern. »Diese Regelung gefällt mir gut«, erzählt der Saisonseebär mit dem Vollbart, »und noch einen Grund gibt es, warum ich diesen Job mache: Jeder Tag hier oben ist völlig anders, jeder ist spannender als der vorher. Nichts ist Routine. Die Szenerie wechselt alle paar Stunden. Mal türmt der Wind das Ostsee-Eis zu Bergen auf, mal laufen Rentiere neben dem Bug her und springen von Scholle zu Scholle. Mal beobachten wir durchs Fernglas Seehunde.«

Bis vor ein paar Jahren fuhr Laurila noch im Liniendienst zwischen Südfinnland und dem Mittelmeer. Der Kontrast der Fahrtgebiete könnte kaum größer sein.

Sampo wurde 1960 in Dienst gestellt. Das Datum prangt auf der Messingglocke am Heck. Längst hat sich das Schiff zur Touristenattraktion gewandelt und kombiniert nun das Nützliche mit dem Lukrativen, Eisbrechen mit Urlauberfahrten. Für knapp 150 Euro können Tagesbesucher fünf Stunden lang auf Eisbrechersafari gehen – Vollpension an Bord, An- und Abfahrt übers Eis per Motorschlitten, Brückenbesichtigung und auf Wunsch Eislochbaden im wasserdichten Thermoanzug in der Fahrrinne eingeschlossen.

Die Idee zu den Eisbrecherfahrten für Urlauber hatte der Bürgermeister von Kemi. Er wollte Touristen mit einer ungewöhnlichen Attraktion in den kleinen Ort an der Nordküste des Bottnischen Meerbusens locken, der bis dato einzig von der holzverarbeitenden Industrie lebte. Das Konzept ging auf. Inzwischen hat Sampo täglich bis zu 150 Gäste an Bord und startet auf Wunsch zu Charterraten zwischen sechs- und achttausend Euro auch zu privaten Törns durchs Ostsee-Eis. Firmen sind es, die solche Ausflüge im Rahmen von Betriebsfesten buchen oder in den Salons an Bord Seminare zur Mitarbeiterschulung abhalten und mit einem ungewöhnlichen Erlebnis würzen wollen. Im Gästebuch haben sich auch Passagiere aus Australien, Togo, Ecuador und Saudi-Arabien verewigt.

Im Sommer ist viel Zeit, die Maschinen des Eisbrechers neu zu ölen. Sampo liegt dann als Restaurantschiff vor Anker und wird nebenbei frisch geschminkt für den nächsten Wintereinsatz. Eimerweise wird schwarze Spezialfarbe auf den Rumpf aufgetragen, um alle Spuren von der Gegenwehr des Eises zu tilgen, ehe der nächste Wintereinsatz ansteht.

Es scheuert, quietscht, knirscht und kracht, wenn Sampo den Kai von Ajos verlässt und den Kampf gegen die Naturgewalten aufnimmt. Zweieinhalbtausend Liter Dieseltreibstoff rauchen pro Stunde im Tausch gegen Maschinenkraft durch den Schornstein. Der über vierzig Jahre alte Koloss wälzt sich über das Eis. Sein speziell geformter Bug schiebt sich auf die Schollen und bringt sie mit seinem Gewicht von 3540 Tonnen zum Bersten. Das Schiff rutscht wie ein schwerer Schlitten über die Eisdecke hinweg, von der nur zehn Prozent aus dem Wasser herausragen. Neunzig Prozent befinden sich unterhalb der Wasseroberfläche. Wie Kekse krachen die Eisschollen vor den Augen der Passagiere auseinander, die dick vermummt in Thermoanzügen über die Reeling starren und immer wieder von einem Fuß auf den anderen hin- und hertrippeln, um bei minus dreißig Grad Außentemperatur die Durchblutung in Schwung zu halten. Nur um den Fotoapparat fürs Erinnerungsbild auszulösen, werden die

Finger aus dicken Handschuhen hervorgeholt und gleich wieder tief darin versenkt. Wem es im Freien zu kalt ist, der verfolgt das Geschehen aus der Caféteria und drückt die Nase an Panoramascheiben platt.

Hinter sich lässt Sampo, benannt nach der Zaubermühle im finnischen Nationalepos »Kalevala«, eine Spur aus kleinen Klümpchen von der Schiffsschraube zermahlenen und gequirlten Eises. Die eigentlichen Fahrtgeräusche sind überraschend leise. Ab und zu nur rumpelt es, wie wenn ein Auto über eine Bodenwelle fährt. Vier Dieselmotoren treiben das 75 Meter lange, 17,4 Meter breite und theoretisch bis zu 16 Knoten schnelle Schiff an.

An diesem Morgen ist Sampo ersehnter Retter für einen Frachter mit Heimathafen Kingston auf Jamaica. Die Rocco hat es nicht alleine durchs Eis geschafft und ist ein paar hundert Meter vor den Kaianlagen stecken geblieben. Dank fürs Freischaufeln ist ein fröhliches Hupkonzert durch das Schiffshorn am Schornstein, das von Sampo mit dem markigen Tröten des Stärkeren erwidert wird – so etwas wie »alles klar, Kumpel« in der Sprache eines Schiffes.

Zwei Fahrtstunden vor der Küste lässt Jouni Laurila die Maschinen stoppen und die Gangway ausfahren. Ungelenk wie Astronauten trottet ein gutes Dutzend Mutiger in luftgepolsterten Thermoanzügen die Treppe hinab Richtung Ostsee-Eis – bereit zum Bad im eiskalten Wasser der gerade aufgerissenen Fahrrinne am Heck des Schiffes. Langsam gleiten die Verwegenen ins pechschwarze Dunkel des Meeres, treiben in ihren aufgepusteten und wasserdichten Anzügen wie Luftblasen auf der Ostsee umher und jubeln – die einen vor Freude über den eigenen Mut, andere vor Erleichterung, nicht unterzugehen. Zur Belohnung gibt es anschließend einen wärmenden Grog oder Kaffee und später eine vom Kapitän signierte Erinnerungsurkunde.

Andere Passagiere haben die Zeit zum Spaziergang übers Eis genutzt, sind vorgelaufen zum Bug und haben anerkennend an die robuste Außenhaut des Eisbrecherkolosses geklopft. Jouni Laurila ist an Deck geblieben. Er hat eine gute Erklärung dafür: »Als Kapitän muss ich als letzter von Bord und kann nicht mal eben aussteigen« – einen Moment später verrät er, dass ihm das ganz recht ist. Aus Eislochbaden mache er sich nichts, viel zu kalt sei das. Den letzten Badestopp hat er auf Mittelmeertörn in seiner Frachterzeit eingelegt. Bei gänzlich anderen Temperaturen.

Zwanzig Worte für ein wildes Tier

Mit einem Rentierzüchter unterwegs in der Polarkreisregion Nordfinnlands

Langsam nur kriecht an diesem Wintermorgen ein Streifen Tageslicht den Horizont hinauf – erst ein roter Schimmer, dann ein feuriger Schein, bald darauf ein bläuliches, klares Leuchten. Ein mystisch-geheimnisvolles Licht. Ein Licht, bei dem man plötzlich die Kobolde im Wald tanzen sieht. Die Sonne wird nicht höher steigen als die Wipfel der Tannen aus dem Schnee hinausragen und dennoch über die Polarnacht siegen. Lappland ist das Land der langen Schatten. Drei bis vier Stunden lang ist es in und um Rovaniemi direkt am Polarkreis Anfang Dezember noch jeden Tag hell. Drei Tage vor Weihnachten wird die Sonne sich gar nicht blicken lassen: Polarnacht.

In Pertti Maununiemis Häuschen duftet es nach frisch geschlagener Kiefer. Die Garderobe ist dreimal so groß wie anderswo. Daunenklamotten brauchen Platz. Im Wohnraum stehen Fernseher und Radio, die Antenne empfängt finnisch-, schwedisch- und englischsprachige Sender. Bei CNN flimmern immer wieder Palmen über die Mattscheibe, während sich am Fenster Eisrosen bilden. Ein kleiner Herd in der Ecke reicht aus, um Tee und Mahlzeiten zu erhitzen.

Die Heizung lässt sich bis auf über dreißig Grad hochfahren, und falls das mal nicht ausreicht, gehört sicherheitshalber eine eigene Sauna zu Perttis Holzhaus. Sie bringt es auf bis zu hundert Grad. Zur Abkühlung reichen ein paar Schritte ins Freie.

Pertti Maununiemi stapft in den Schnee hinaus und öffnet seine Daunenjacke. »Ein warmer Tag heute«, ruft er noch, ehe er auf seinem 80-PS-Motorschlitten Richtung Waldsaum davonpflügt. Nur minus acht Grad signalisiert das Thermometer an der Außenwand des Hauses zehn Kilometer vor den Toren von Rovaniemi in Finnisch-Lappland heute. Ein Morgen, an dem die Nasenhärchen nicht gleich beim ersten Durchatmen im Freien festfrieren. Fremde aus wärmeren Breiten bleiben dennoch lieber dick vermummt. In der schneesicheren Zeit von Anfang November bis Ende April fällt die Temperatur hier direkt am Polarkreis auf bis zu minus 30, minus 35 Grad.

Dem fülligen Pertti, geboren 1960, mit seinem herzlichen Lachen wie ein Erdbeben der Stärke 6,2 auf der Richterskala macht das alles nichts aus. Er liebt die Kälte, den Schnee. Er arbeitet bei Wind und Wetter im Freien und düst mit seinem Schlitten mit 160 Stundenkilometern theoretischer Spitzengeschwindigkeit jedes Jahr tausende Kilometer weit durch den Winter zu seiner Herde draußen in der Wildnis.

Pertti macht den härtesten Job, den Finnland zu vergeben hat. Er ist Rentierzüchter – und das ist selbst in Lappland ein aussterbender Beruf, der traditionell innerhalb der Familie Generation für Generation auf den ältesten Sohn übergeht. Den Job kann man nicht lernen, man wird von klein auf dazu erzogen, wächst in ihn hinein.

Hat der Sohn kein Interesse, wird die Rentierherde verkauft. Perttis einziger Sohn ist elf Jahre alt und im vorletzten Sommer zusammen mit seinem Papa das erste Mal über Wochen draußen bei der Herde gewesen. Pertti ist stolz darauf und macht sich seitdem ernsthafte Hoffnungen, dass sein Sohn einmal in seine Fußstapfen treten und den Job des Rentierzüchters übernehmen wird.

Unvorstellbar, dass sich jemand von außerhalb der Familie oder gar der Region plötzlich entschlösse, Rentierzüchter zu werden. Ihm würde das Zucken im kleinen Finger als Indiz für Wetterveränderungen fehlen, der Blick für die zarten Farbnuancen der Gräser während der schneefreien Zeit und das Wissen um ihre Bedeutung, das Gehör für das Rauschen der Blätter, die Feinfühligkeit für die vielen zarten Signale der Natur im unwirtlichen Norden. Er würde im endlosen Weiß des Schnees sehr schnell die Orientierung verlieren. Er müsste die auf keiner Landkarte verzeichneten Pfade durch die Tundra Lapplands erst aufspüren. So würde es jedem ergehen, der nicht in den Job des Rentierzüchters von Kindesbeinen an hineingewachsen ist.

Pertti liebt den Winter weit mehr als den Sommer. Er schwelgt in den Nuancen der Farben des Schnees und des Lichts. Er genießt in den klaren, bitterkalten Nächten das Zucken der grüngelben Nordlichter am Himmel.

Diese Nacht fiel Neuschnee. Und der Himmel ist noch vor Sonnenaufgang in ein geisterhaftes blaues Licht getaucht. Dunkle, bärtige Gestalten begrüßen einander auf einem tief verschneiten Waldweg. Unscheinbare Toyota-Kastenwagen holpern schwerfällig über die rutschige Knüppelpiste heran. Nach und nach immer mehr, am Steuer jedesmal eine dieser bärtigen Gestalten im waidmannfarbenen Thermoanzug. Sie begrüßen sich herzlich. Jeder Neuankömmling wird mit einem kanonartigen »Hey, hey« willkommen geheißen, dem finnischen »Hallo«. Rentierzüchter unter sich. Pertti musste vorher die anderen fragen, ob er Gäste mitbringen dürfe.

Die ersten haben sich gleich daran gemacht, in der Umgebung Holz zu sammeln, tragen schneebedeckte Scheite und Geäst heran und schichten es rund um einen Baumstumpf auf, um dort ein Lagerfeuer zu entfachen. Der Atem hängt in kleinen Wölkchen vor Mündern und Nasen. Die Rentierzüchter aus dem Großraum Rovaniemi treffen sich zur Rentierscheidung, zum alljährlichen Zusammentreiben aller Herden und versprengter Tiere der Region.

Dabei geht es darum, die im Mai und Juni geborenen Jungtiere den Müttern und damit auch ihrem Besitzer zuzuordnen und mit dem Zeichen des jeweiligen Züchters zu versehen, einer Messerkerbe im Ohr.

Die Herden werden getrennt nach Tieren, die weiter zur Zucht vorgesehen sind, und solchen, die noch an Ort und Stelle auf dem verschneiten Waldboden geschlachtet werden. Einer allein könnte diese Aufgabe nicht bewältigen. Die Züchter verabreden sich, helfen sich gegenseitig.

Pertti kennt sie alle, steht am Lagerfeuer, reißt Späße, erzählt von seinem Sohn, der heute keine Lust hatte, mitzukommen. Nur eine Frau ist unter den Züchtern – Ausnahme in der gut zwanzigköpfigen Männergesellschaft. Die meisten sind Ende Vierzig, Anfang Fünfzig, haben wettergegerbte Gesichter, in die das Leben seine Spuren eingegraben hat – eine Truppe »Polarkreis-Crocodile-Dundees« mit Finndolch am Hosenbund.

Einer hängt an der Waldwegabzweigung ein Warnschild auf: »Hunde verboten – Rentierarbeit!« Andere schwärmen mit Motorschlitten in die Wälder aus und sind erst nach zwei Stunden zurück. So lange dauert es, bis sie den Großteil der Herde gefunden und zusammengetrieben haben – 180 Tiere, darunter viele Kälber. Zwischen fünfzig und hundertfünfzig Ren umfasst eine durchschnittliche Herde. Pertti teilt sich ein Zuchtgebiet von siebzig mal zweihundert Kilometern Größe mit zwanzig Kollegen. Das sind 14.000 Quadratkilometer – nur knapp weniger als die Fläche des deutschen Bundeslandes Schleswig-Holstein.

Letztes Jahr gab es während der Scheidung kurzzeitig Ärger. Ausgerechnet ein Golfer beschimpfte einen der Züchter wild gestikulierend, als der ein paar Rentiere zwischen roten Fähnchen hindurch über den zugefrorenen Kemijoki trieb. Alljährlich wird auf dem Fluss für vier Monate ein Neun-Loch-Golfplatz eingerichtet. Gespielt wird mit neonfarbenen Bällen. Die Rentiere haben nichts vom Golfplatz gewusst, der Züchter hatte es vergessen und der Golfer nicht damit gerechnet, in den nordischen Alltag zu geraten …

Pertti und seine Kollegen arbeiten ohne Hektik und haben sich ein Sprichwort der Ureinwohner Lapplands zu eigen gemacht: »Auch morgen kommt ein Postbus« – die arktische Form des Mañana.

In den Sprachen der Samen gibt es zwanzig verschiedene Begriffe für Rentier – je nach Beschaffenheit, je nach dem, wie alt, wie groß, wie kräftig das Tier ist. Doch keiner der Züchter hier an diesem Morgen gehört dem samischen Volksstamm an – auch Pertti nicht: »Die Samen und wir hier haben eine Gemeinsamkeit. Wir alle leben von der Rentierzucht, aber samischer Abstammung ist hier und heute keiner von uns Züchtern. Die meisten Samen sind noch weiter nördlich zu Hause. Wir haben Kontakte dorthin, Freundschaften. Einer meiner besten Freunde ist Same.«

Die halbwilden Rentiere werden in ein Gatter getrieben, mit Kennerblick sortiert. Ein paar werden ausgesondert und gleich wieder laufengelassen, andere zum Transport in die Toyotas verladen, wieder andere vorerst festgebunden und später zur Farm des jeweiligen Züchters transportiert. Dort sollen diese schönsten Bilderbuch-Rentiere besser an den Menschen gewöhnt und ausgebildet werden, später mal Schlitten mit Touristen zu ziehen.

Rentierzucht ist eher Berufung und Leidenschaft als dazu geeignet, reich zu machen. Der Großhandelspreis für Rentierfleisch ist staatlich festgesetzt und seit Jahren unverändert – knapp fünf Euro pro Kilo. Nicht viel für all den Aufwand. Ein Kalb bringt 24 bis 25, ein ausgewachsenes Ren sechzig bis maximal neunzig Kilo verwertbares Fleisch auf die Waage. Außerdem ist da noch der Ärger mit der Europäischen Union, deren Bürokraten nach dem Beitritt Finnlands und Schwedens eilig umfangreiche Regelungen zur Rentierzucht ausgearbeitet haben – für die Züchter schlicht »Unsinn«. Wenn das Gespräch darauf kommt, blasen sie die Wangen auf und entladen ihren Unmut in einem ploppenden Geräusch: »Pah, was wissen die in Brüssel schon?!«

Die zur Schlachtung vorgesehenen Tiere bekommen einen Farbklecks aufs Fell gesprüht. Was folgt, ist nichts für zartbesaitete Seelen. Die EU verbietet die Schlachtung im eiskalten Wald zwar – angeblich sei sie unhygienisch. »Ist das Fleisch nicht für den Export bestimmt, ist die Regel aufgehoben. Absurdes Bürokratenwirrwarr«, erzählt die einzige Frau unter den Züchtern. Und schlachtet.

Im Gegenzug wurden Subventionen eingeführt, die es vor dem EU-Beitritt nicht gab:

knapp 23 Euro pro Rentier und Jahr aus Brüsseler Kassen.

Ungefähr die Hälfte einer Herde wird jedes Jahr geschlachtet – eher die Böcke als die Muttertiere, denn sie bringen bei fünfzehn bis achtzehn Jahren Lebenserwartung zehn bis zwölf Kälber zur Welt. Gesunde Muttertiere sind das Kapital eines Züchters.

Spätabends, es ist längst wieder finster geworden, haben die Männer der Wildnis ihr Tagewerk beendet. Anfang Dezember wird die Rentierscheidung in ganz Lappland abgeschlossen sein – wie seit Generationen um diese Zeit. Die Züchter stehen ums Lagerfeuer, plauschen noch kurz, erzählen vom Sommer und freuen sich schon wieder auf die Mücken der warmen Jahreszeit: »Sie sind die Freunde auch des armen Mannes«, sagt Pertti. »Sie umschwärmen ihn, als ob er Geld hätte.« Alle lachen. Pertti ist beliebt unter seinen Kollegen – er ist vergnügt, nimmt den harten Job mit Humor, ist weniger wortkarg als die meisten anderen.

»In einer Stadt«, sagt Pertti, »könnte ich nie leben. Ich habe es ausprobiert und ein paar Jahre in Rovaniemi, der Hauptstadt Finnisch-Lapplands, gewohnt. Ich bin fast verrückt geworden. Das Leben ist mir viel zu geregelt dort. Die Uhr bedeutet zu viel, die Wohnungen sind zu eng. Du hast eine Haustür, du hast Nachbarn auf derselben Etage, du siehst die Sterne nicht.« Die anderen nicken. Einer erzählt, er sei einmal in seinem Leben in Helsinki gewesen und verunsichert durch die Hauptstadtstraßen spaziert. Dabei wäre er fast von der resolut heranbimmelnden Straßenbahn überfahren worden und ist daraufhin gleich wieder abgereist: zurück in die karge Einsamkeit Lapplands, zurück ins Land der Nordlichter, ins Land der langen, dunklen Winter und der wunderbaren Sommer, ins Land der Mitternachtssonne.

Manchmal empfängt Pertti Maununiemi Fremde in einem Lappenzelt, das in Erinnerung an alte Traditionen ein paar Schritte von seinem zeitgemäß und zweckmäßig eingerichteten Holzhaus entfernt steht. Er serviert dann Tee und geräucherten Rentierschinken. Zum Nachtisch gibt es Geschichten und Geschichtchen aus dem Alltag eines Rentierzüchters. Alle Augenpaare der Besucher hängen dann an seinen Lippen. Und auch Akso, sein lappländischer Rentier-Hütehund, scheint aufmerksam zuzuhören. Wie Pertti hier in der Wildnis seine Frau kennen gelernt habe, will jemand von ihm wissen. »Ich bin mit dem Schlitten ein paarmal nach Rovaniemi hineingefahren, und beim dritten Mal ist sie einfach daran hängengeblieben. So einfach war das.«

Er verzieht keine Miene und sonnt sich in den erstaunten Gesichtern seiner Gäste. Letzten Sommer haben die beiden zusammen zwei Wochen Urlaub an der See gemacht: »Am Eismeer in Nordnorwegen.« Palmen reizen Pertti nicht: »Kälte und Tannen – das ist viel toller.«

Den Saunabesuch verschwitzt

125 Grad Temperaturunterschied: vom finnischen Saunakult

Die Tür der kleinen Holzhütte am See, aus deren Schornstein es seit einer Stunde kräftig dampft, fliegt mit Schwung auf. Drei nackte Gestalten huschen durch den sternenklaren Abend. Einer wälzt sich im weichen Neuschnee gleich vor der Hütte, die beiden anderen springen vom Steg aus in ein präpariertes Eisloch im See. Temperaturunterschied zwischen drinnen und draußen: etwa 125 Grad – minus 25 im Freien, plus 100 in der Hütte. Wer weniger abgehärtet ist, darf das Eisloch gegen eine kalte Dusche tauschen. Abendunterhaltung auf Finnisch.

Die Tradition der Sauna reicht Jahrhunderte weit zurück – vor allem als Begegnungsstätte, nicht als Ort schamhafter Zuflucht, dessen Tür man von innen verriegelt. Die skandinavische Sauna ist ein Ort für Gespräche und der Geselligkeit, wo sich im wörtlichsten Sinne das Eis brechen lässt. Angeblich schmelzen in der Hitze Aggressionen dahin. Und angeblich können saunageübte Finnen in diesem Ambiente saunaungeübten Geschäftspartnern von anderswo die besten Vertragsabschlüsse abringen. Ob Hitze milde macht? Der Saunabesuch gehört zu jeder Jahreszeit zu Finnland, ist Ausdruck nordeuropäischen Lebensgefühls. Das geht so weit, dass manche Zimmer teurer Hotels mit Privatsauna ausgestattet sind – und Ferienhäuser sowieso. Eher wäre zu verkraften, dass der Architekt die Fenster vergessen, als dass er keine Sauna eingeplant hätte.

Keiner in Finnland käme auf die Idee, Regeln für den Saunabesuch aufzustellen: zweimal für fünf Minuten hundert Grad, dazwischen vier Minuten Pause, danach eine kalte Dusche, dann nochmal hundert Grad. Finnen würden irritiert mit den nackten Schultern zucken. Sie folgen nur einer einzigen Saunaregel, die denkbar einfach ist: jedem das, was ihm gefällt. So heiß wie er will. So lange wie er will. Niemand muss sich oder anderen etwas beweisen und den ultimativen Härtetest bestehen. Wer den Saunaofen nicht höher als auf achtzig Grad einstellen will: okay. Wer auf die Klapse mit eingeweichten Birkenruten verzichten will: okay. Wer hohe Luftfeuchtigkeit nicht mag und daher keine Extrakelle Wasser über die heißen Steine gießen will: auch okay. Niemand käme auf die Idee, nachzufragen oder zu belehren. Man saunt in Finnland für sich selbst und nicht, um Regeln zu erfüllen.

Ziel ist es, dem Körper etwas Gutes zu tun, ohne ihn allzu sehr zu strapazieren. Die Hitze weckt vor allem im Winter die Lebensgeister wieder, reinigt den Leib porentief – und oft die Seele gleich mit.

Anderswo schwitzt der einfache Mensch, während der vornehme transpiriert – hier sind alle gleich.

Über eine Million Saunas soll es allein in Finnland geben – eine pro fünf Einwohner. Ein finnisches Sprichwort besagt, dass man sich in der Sauna so anständig zu betragen habe wie in der Kirche, doch ein Bier dürfe man mit in die heiße Hütte nehmen. Saunagänge im Norden sind gesellig – und es kommt vor, dass eine vergnügte Schwitzgemeinschaft Würstchen auf dem Saunaofen grillt.

Undenkbar wäre für Finnen, in eine gemischte Sauna zu gehen. So freizügig der Norden ist, so streng saunt man nach Geschlechtern getrennt. Traditionell gehen erst die Männer ins Hitzebad, danach die Frauen, während der letzte Aufguss dem »Saunageist« vorbehalten ist. Wehe dem, der dann das Holzhäuschen betritt und den Geist stört …

Glaubt man der Überlieferung, dann begann alles mit Erdgruben, in deren Mitte Steine erhitzt wurden. Daraus entwickelte sich später die Rauchsauna, die schon vor Jahrhunderten von den Völkern genutzt worden sein soll, die aus Osten kommend ins heutige Finnland einwanderten und sich dort niederließen. Die Ofensauna in der heutigen Form ist erst etwa zweihundert bis dreihundert Jahre alt. Dabei werden Steine in einem ursprünglich mit Holz befeuerten Ofen erhitzt. Aus einem Eimer auf die Steine geschüttetes Wasser verdampft, hebt so die Luftfeuchtigkeit und regt das Schwitzen an. Heute werden die meisten Saunaöfen elektrisch betrieben.

Schaufensterbummel um Mitternacht

Helsinki im Sommerrausch

In Mitteleuropa ist es längst finster und in Helsinki sind im selben Moment noch nicht mal die Straßenlaternen angeschaltet: ein Sommerabend gegen 22 Uhr in der nach Reykjavik nördlichsten Hauptstadt der Welt. Spaziergänger bevölkern die Parks. In den Straßencafés, die ein paar Wochen zuvor allenthalben aus dem Boden gesprossen sind und in wenigen Wochen wieder verschwunden sein werden, ist kein freier Platz zu bekommen. Kellner rotieren, servieren Eis mit frischen Erdbeeren, starken Kaffee oder finnisches Lapinkulta-Bier. Überall Stimmengewirr, Gelächter, beste Biergartenatmosphäre. Von irgendwoher schallt Jazzmusik, unterbrochen immer wieder von Applaus und Gejohle. Verliebte Pärchen kuscheln engumschlungen auf der breiten Freitreppe vorm neoklassizistischen Dom und unterhalb des Denkmals für Zar Alexander II. auf dem Senatsplatz, turteln auf der Terrasse des Traditionscafés Kappeli im Esplanadipark. Passanten bummeln vor den Schaufenstern der Boutiquen und Designerläden in der Prachtstraße Pohjoisesplanadi und in der parallel verlaufenden Aleksanderinkatu. Der Uhrzeiger ist derweil Richtung Mitternacht vorgerückt, ohne dass sich die Straßen merklich geleert hätten. Helsinki feiert den kurzen Sommer. Der Alltag wird zwischen Anfang Juni und Mitte August von einer beschwingten Leichtigkeit getragen. Lebensfreude regiert. Die Menschen genießen jeden warmen Moment, jeden Sonnenstrahl im Freien, verlagern das Leben in dieser Zeit auf die Straße. Schlafen können sie während des langen Winters. Der Sommer ist zu kostbar dafür. Wer vorzeitig ins Bett ginge, könnte etwas verpassen. Eine neue Bekanntschaft. Einen Wortwechsel, ein Augenzwinkern, einen Flirt. Irgendetwas, was Glücksgefühle ausmacht und vergessen lässt, dass irgendwann wieder die viel zu dunkle Jahreszeit anbricht.

Rund ums Mitsommernachtsfest am 21. Juni geht die Sonne in Helsinki kaum unter. Tage verschmelzen nahtlos miteinander. Die zurückhaltendsten Menschen werden plötzlich gesprächig, nahbar, geben ihre Reserviertheit auf. Und aus ihrer spröden Hauptstadt wird für Stunden, für Tage und mit viel Glück für ein paar Wochen so etwas wie ein Mittelmeerferienort, den es vor lauter Licht kurzzeitig auf den falschen Breitengrad verschlagen hat. Helsinki bei Sommersonne – das ist die schönste, die fröhlichste Stadt der Welt. Bei Regen ist es die traurigste, bei Schneeregen und Kälte die trostloseste Stadt der Welt. Als ob jedes Gebäude, jedes Gesicht, jeder Autoscheinwerfer das Wetter reflektierte. Jedes Wetter. Mehr als irgendwo sonst auf der Welt.

Ein Sommervormittag auf dem Kauppatori-Markt am Hafen gegenüber vom Präsidentenpalast: kein einziger Kunde beim Händler für warme Piroggen – stattdessen Umsatzrekorde für den Eisverkäufer nebenan. Andrang überall dort, wo es kalte Cola gibt. Ein Gitarrist hockt auf der Kaimauer und singt amerikanische Evergreens. Immer wenn er die Schlussakkorde eines Songs spielt, brandet Beifall aus Richtung der Eisbude auf. Ein paar Meter weiter dröhnen die Hits der finnischen Kultband Leningrad Cowboys aus einem Kofferradio. Die Truppe mit den vierzig Zentimeter langen Schuhen und den ebenso langen schmalzigen Haartollen nimmt für sich in Anspruch, »die schlechteste Band der Welt« zu sein. Sie lässt diese Selbsteinschätzung auf jedes ihrer Konzertplakate drucken. Und es gehört zu den Phänomenen Helsinkis, dass ausgerechnet diese Cowboys, Helden eines Kaurismäki-Films, es 1994 schafften, über zwanzigtausend Konzertbesucher auf dem Senatsplatz zu versammeln und ein gewaltiges Happening zu inszenieren. Natürlich an einem Sommerabend. Auf den Stufen des Doms. Unterstützt vom Chor der Roten Armee. Im Winter hätte es Ärger wegen Ruhestörung gegeben. Im Sommer gibt es keine Spielverderber.

Das Thermometer zeigt 28 Grad. T-Shirts statt Wollpullis, Baseballkappen statt Pelzmützen bestimmen das Bild. Kinder sind ins Bassin des Havis-Amanda-Brunnens geklettert und lassen sich nass plätschern. Und im angrenzenden Stadthafen bestimmen weiße Segel das Bild. Fähren bahnen sich den Weg zwischen den zahllosen Masten hindurch zu ihren Terminals im Katajanokka-Hafen. Kreuzfahrtschiffe laufen Helsinki in diesen Wochen fast im Konvoi an, fahren von hier aus weiter nach St. Petersburg, nach Tallinn und Stockholm. Auch die Ausflugsdampfer zu den vorgelagerten Schäreninseln und Richtung Festungsinsel Suomenlinna sind vollbesetzt. Die Menschen an Bord recken ihre Gesichter der kräftig bräunenden Sonne entgegen.

Wer Zeit hat, fährt zum Picknick hinaus auf die Inseln, sonnt sich auf den von Wind und Wetter glattgeschliffenen Klippen oder in winzigen Strandbuchten. Das Bad in der gerade mal 16 Grad warmen Ostsee bleibt nicht mehr nur den Tapferen vorbehalten. Plötzlich traut sich jeder hinein. Sonne macht Mut, auch wenn sich die Wassertemperaturen noch kaum geändert haben.

Im Jachtklub der Hauptstadt, der sieben Monate eines jeden Jahres fast verwaist ist, herrscht plötzlich gesellschaftlicher Trubel. Vor ein paar Wochen erst wurden die Liegeplätze wie jedes Jahr unter den Bootseignern neu verlost. Finnische Gleichberechtigung mit Schicksalskomponente.

Und auch auf dem Stadtsee Töölönlahti hinter der weltberühmten Finlandia-Halle Alvar Aaltos sind die weißen Segel gesetzt – nur sind es hier die der Boote kleiner Jungs. Vom Ufer aus dirigieren sie mit Steuerknüppel und langer Antenne per Fernbedienung das Geschehen. Abends ist der Nachwuchs aus dem Stadtbild verschwunden – trotz tagheller Nächte. Keine finnische Mutter lässt sich hereinlegen, wenn ihre Kinder fragen, ob sie heute aufbleiben und draußen spielen dürfen, bis es dunkel wird …

Unterhalb des Diplomatenviertels Kaivopuisto wuchten vollzählig angetretene Familien ihre Wohnzimmerteppiche mit vereinten Kräften, lassen sie ins seichte Ostseewasser plumpsen und spülen das Winterdreivierteljahr vom Fußbodenbelag. Auf dafür errichteten Holzplattformen am Ostseeufer werden im Sommer bei Volksfeststimmung Teppiche gewaschen. Tauchen irgendwann im Mai die ersten mit ihren zusammengerollten Läufern dort auf, dann kann der Sommer nicht mehr weit sein. Und der Rausch der Lebensfreude beginnt.

825.000 Tassen Kaffee auf See

Per Schiff nach Finnland

Das Hotel von Otto Ikonen ist auf keiner Landkarte zu finden. 91.000 Pferdestärken schieben es nach festem Fahrplan zwischen Finnland und Deutschland hin und her. Der Mann mit der unauffälligen Brille ist Herr über sechzehnhundert Betten. Seine schwimmende Herberge hat Helsinki als Heimathafen und ist stets nur für ein paar Stunden dort. Ihr eigentliches Zuhause ist die Ostsee.

Ikonen – »residiert« wäre zu viel gesagt – hockt in einem kleinen Büro neben dem Informationsschalter auf Deck Vier der Finnjet. Von hier aus koordiniert er als Hoteldirektor das tagtägliche und nachtnächtliche Geschehen hinter den Kulissen der Riesenfähre, die seit 1977 im Dienst ist und als so etwas wie die »Queen Mum« unter den Ostsee-Passagierschiffen gilt. Per Telefon, Fax und Computer muss er zum Beispiel dafür sorgen, dass während der Hochsaison exakt 160 Putzfrauen jedes Mal pünktlich am Kai bereitstehen, um das Schiff binnen der nur 75-minütigen Liegezeit wieder auf Hochglanz zu bringen und jene 1602 Betten frisch zu beziehen.

Tonnenweise Laken verlassen das Schiff dann in Minuten. Frische Bettbezüge werden herangeschafft, neue Lebensmittel an Bord genommen. In Rostock sind das Obst, Gemüse, Brot und deutsche Mayonnaise. Fast alles andere kommt aus Helsinki. Und damit es besonders schnell geht, werden Container als begehbare Kühlschränke über Kräne von seitwärts an Bord gehievt und direkt an die Küche angedockt. Passagiere bekommen davon nur wenig mit. Zur selben Zeit sind bereits 22 Finnen von der Kaltmamsell bis zum Chefkoch dabei, die kulinarischen Köstlichkeiten der Bordrestaurants vorzubereiten. Zweihundert Kilo Lachs und ebensoviel Rentierfleisch werden zur Einstimmung auf Finnland pro Fahrt vertilgt – auf dem Rückweg genauso viel. Wahrscheinlich, um den Trennungsschmerz zu verringern. Überhaupt liest sich die Liste des Bordverbrauchs wie das Buch der Rekorde: 825.000 Tassen Kaffee, 385.000 Cocktails, 310.000 Liter Bier, 61.000 Kilo Fleisch und 50.000 Rollen Toilettenpapier pro Jahr, dazu 250.000 Liter Frischwasser pro Fahrt.

Otto Ikonen sorgt stets für den nötigen Nachschub – und er runzelt die Stirn, wenn es jemand wagt, vorlaut von seiner Finnjet als »Fährschiff« zu sprechen. Der Begriff ist zu sehr mit Vergangenheit belegt, klingt negativ, steht für nichts als Autodecks, für ungemütliche Kantinen mit Verpflegungstresen auf Autobahnraststätten-Niveau. Es ist kein neuer Begriff für das gefunden worden, was diese Schiffe heute sind. »Früher ging es darum, ans Ziel zu kommen. Schiffe waren der nötige, aber meist nur zweckmäßige und beizeiten hässliche Brückenersatz. Heute sind sie oft bereits das Reiseziel«, erzählt

Ikonen und rückt die Brille mit dem dünnen Silberrahmen zurecht.

Finnen nutzen die großen Schiffe, die zwischen Finnland und Deutschland und vor allem zwischen Helsinki oder Turku und Stockholm oder Tallinn unterwegs sind, längst nicht mehr vorrangig, um von einem Ort zum anderen zu gelangen. Sie buchen solche Touren der Reise selbst wegen, gehen auf Kurzkreuzfahrt, genießen das Bordleben in Restaurants und Bars, in Discos und Boutiquen, in Swimmingpools und gemütlichen Cafés. Die Beförderungsmöglichkeit für Autos, die einst im Vordergrund stand, ist zur Nebensächlichkeit geschrumpft. Sie rundet das Angebot nur noch ab.

Hochgeschaukelt wurde diese Entwicklung durch den jahrelangen Konkurrenzkampf der beiden Reedereirivalen Silja und Viking auf der einträglichen Route zwischen den beiden skandinavischen Hauptstädten Helsinki und Stockholm. Zeitweise liefen Jahr für Jahr neue, viele Millionen Euro teure maritime Prachtbauten mit allen erdenklichen Finessen vom Stapel. Geplant und ausgebaut wurden diese Schiffe bis zum letzten Moment unter strengster Geheimhaltung. Nicht das kleinste Detail durfte vorzeitig nach außen dringen. Der Konkurrent hätte ja mithören, zuerst reagieren, den Marketing-Coup vermasseln können.

Wer mag, kann an Bord edel dinieren, kann gedünsteten Wildlachs mit Kaviarhäubchen ebenso genießen wie Fasanenfilet mit wilden Walderdbeeren oder gebackenes Schneehuhn mit Moltebeerensoße. Wer will, kann an Bord ins Kino oder am Roulettetisch Geld verlieren gehen, kann einen Termin beim Friseur vereinbaren oder sich in der Parfümerie beraten lassen, kann im Duty-free-Shop aus allen Alkoholika der nördlichen Hemisphäre auswählen oder sie ignorieren und sich an Deck den Ostseewind um die Nase wehen lassen. Der blieb unverändert.

Gemeinsam mit dem Restaurantchef ist Otto Ikonen auch für die Bestückung des bordeigenen Weinkellers verantwortlich, der sich – für die Fahrgäste unsichtbar – gleich hinter dem Restaurant auf Deck Vier befindet. Rund ein Drittel der schwimmenden Stadt aus Metall bleibt den Passagieren verborgen, es sei denn, Cruise-Director Matthijs van Dorp organisiert spezielle Führungen, die im Tagesprogramm angekündigt werden: Maschinenraum und Brücke, Küche, Weinkeller und Riesenkühlschränke, Mannschaftskabinen auf den Decks Eins und Acht, Offiziersmesse und Mitarbeiterdisco. Sogar eine Zelle für Störenfriede gibt es. »Aresti« steht harmlos auf Finnisch an der Tür, die an ihrer Innenseite keinen Drücker hat.

Bei einer Spitzengeschwindigkeit von 30,5 Knoten – das sind 56 Stundenkilometer mit einem Bremsweg von über tausend Metern – kann Finnjet die knapp tausend Kilometer zwischen Rostock und Helsinki in weniger als 24 Stunden zurücklegen. Möglich machen dies zwei Gasturbinen, die nach dem Vorbild von Flugzeugtriebwerken konstruiert wurden. Wegen des enorm hohen Treibstoffverbrauchs werden die Turbinen nur bei einzelnen Hochsaisonabfahrten zugeschaltet, damit das Schiff schnellstmöglich über die Ostseewellen jagen kann. Für den Normalbetrieb reichen die Schiffsdiesel aus.

Weit wie das Maul eines gigantischen Walfisches ist das riesige Tor am Bug des Schiffes aufgerissen und entlässt am Kai in Rostock hunderte Autos in langen Kolonnen wie überflüssiges Plankton aus seinem metallenen Bauch – Rückkehrer aus dem Finnlandurlaub ebenso wie Finnen, die gerade erst aufgebrochen sind, ihre Ferien in Mitteleuropa zu verbringen. Schon wenig später strömen gleichlange Kolonnen Autos in den schwimmenden Hohlraum hinein, um die Reise in Gegenrichtung anzutreten. Männer in roten Warnwesten weisen die Wagen ein, dirigieren sie zackig mit wortkargen Kommandos auf die verschiedenen Spuren der zwei Auto-Ebenen und leisten dabei ebenso wie die Fahrer Präzisionsarbeit.

Jeder Meter ist verplant, jeder Zentimeter Stellfläche in der Hochsaison verkauft. Geparkt wird Stoßstange an Stoßstange. Ist das Rangieren erst einmal vollbracht, kramen die Finnlandurlauber ihre wichtigsten Habseligkeiten für die Überfahrt zusammen – Zahnbürste und Rasierer, Kamm und Fotoapparat, denn vom Ablegen bis kurz vors Festmachen im Katajanokka-Hafen Helsinkis werden die Autodecks verschlossen sein. Zur selben Zeit verlassen 160 Putzfrauen das Schiff.

Die Fährüberfahrt hat obendrein Lehrwert. In den mehrsprachigen Borddurchsagen tauchen ständig die finnischen Zahlen auf, und beim Überprüfen all der Ansagen und Hinweise lernen Finnlandneulinge, mit den Knien zu zählen: beim immerwährenden Treppensteigen von durchnummeriertem Deck zu durchnummeriertem Deck, von *kaksi* nach *viisi*, von *kuusi* nach *kahdeksan*. Oder so.

Eliel Saarinens Vermächtnis

Düstere Cinderella-Schlösser aus Ostsee-Granit: der Baustil der finnischen Nationalromantik und sein spukender Erfinder

»Es spukt hier.« Sie sagt es so sachlich und bestimmt, als ginge es darum, die korrekte Uhrzeit zu nennen. Sie spricht, ohne den Augenausdruck zu verändern, ohne mit der Wimper zu zucken. »Nachts zieht er durch die Gänge seiner Residenz.« Nicht im klischeebehafteten weißen Gewand mit Sehschlitz und Rasselkette am Fuß sei er unterwegs, sondern als kleine Lichtgestalt. Wieder verzieht sie keine Miene: »Er schwebt zentimeterhoch über dem Boden und ist dabei völlig lautlos«. Eliel Saarinen, verstorben 1950 und zu Lebzeiten einer der bedeutendsten finnischen Architekten, kann von seinem einstigen Wohn- und Atelierhaus vor den Toren Helsinkis offenbar nicht lassen und kehrt über ein halbes Jahrhundert nach seinem Tod noch regelmäßig nach Hvitträsk zurück. Heute ist das Anwesen zum Museum umgestaltet, das an ihn und den zu Beginn des 20. Jahrhunderts geborenen Stil der Finnischen Nationalromantik erinnern soll.

Saarinen ist einer der Väter dieser nordischen Ausprägung des Jugendstils, bei der Holz und Stein, ländliche Elemente und Großstadtarchitektur, Blockhäuser und Burgen miteinander verschmolzen sind. Verspielt war dieser Stil, verkitscht sagen manche. Besonders Übelmeinende behaupten sogar, Saarinen habe Cinderella-Schlösser im Disneyland-Stil erbaut, lange bevor Walt Disney sie erdacht habe. Und aus Versehen habe er immer wieder die Kellerräume seiner Schlösser über der Erde errichtet und den Bauten dadurch ein allzu trutzburghaftes Aussehen beschert, so dass er anschließend Erker und Türmchen anmontieren musste, um ihnen ein freundlicheres Gesicht zu geben. So umstritten die Nationalromantik ist – so viele Spuren hat sie vor allem in Helsinki hinterlassen. Eliel Saarinens Vermächtnis ist im Straßenbild unübersehbar.

Gemeinsam mit Armas Lindgren und Hermann Gesellius prägte er das architektonische Gesicht der Hauptstadt. Zusammen mit ihnen realisierte er erst unter anderem das Nationalmuseum an der Mannerheimintie im Zentrum, später in eigener Regie den monumentalen Hauptbahnhof, der von grimmig blickenden steinernen Titanen an der Fassade bewacht wird.

Saarinen und seine Mitstreiter verfolgten in ihrem Werk drei Ziele: Stets wollten sie die Landschaft der Umgebung in möglichst vollendeter Harmonie in den Bau einbeziehen, Architektur und Natur verschmelzen. Zum anderen wollten sie eine neue, nunmehr finnische Formensprache entwickeln und die bis dato dominanten russischen Einflüsse hinter sich lassen. Der dritte Grundsatz ist Schuld an Erkern,

Türmchen, Trutzburgen und mancher Verbrämtheit, die Fremde nicht entschlüsseln können: Die Nationalromantiker zwangen sich, ihre künstlerische Inspiration in Finnlands Nationalepos »Kalevala« zu finden.

Die weißhaarige Museumsführerin lässt sich ihre Ehrfurcht vor Saarinen und seinem vermeintlichen Geist bei jedem Schritt durch die einstigen Privat- und Arbeitsräume des Architekten in Hvitträsk oberhalb des gleichnamigen Sees anmerken. »Einmal«, sagt sie wieder ohne unterstreichende Gestik und ohne die Stimme zu heben, »einmal habe ich selbst sogar den spukenden Saarinen gesehen.« Das zweifelnd-mitleidige Lächeln der Umstehenden scheint sie zu übersehen, geht auf skeptische Rückfragen nur zögerlich ein und überhört spöttelnde Bemerkungen geflissentlich. Die alte Dame mit dem rollenden R in ihren Erläuterungen gibt sich unergründlich und lässt niemanden hinter ihre seriöse Fassade blicken. Frühmorgens sei es gewesen, als sie in den Wohnraum gekommen sei, in dem noch die von ihm selbst entworfenen Ledersessel stehen. Da habe er sie angestarrt und sei am Kamin vorbei durch die gegenüberliegende Tür Richtung Treppenhaus davongeschwebt.

Glaubt sie ihr eigenes Spukgerede oder streut sie bloß publikumswirksame Legenden? Nur sie selbst wird es wissen. Ihre Besuchergruppe aber schreitet noch ein wenig andächtiger, aufmerksamer und vorsichtiger durch Saarinens Atelierhaus und horcht auf jedes Knirschen und Knacken der gut hundert Jahre alten Holzbohlen des blankgebohnerten Fußbodens, versucht unbewusst in jeden Lichtstrahl und jede Spiegelung huschende Konturen hineinzusehen …

In den Jahren 1902 bis 1904 entstand Hvitträsk. Jeder der drei führenden Nationalromantikarchitekten entwarf dort sein eigenes Haus nach individuellen und vielfach romantisch verklärten Vorstellungen. Der größte erhaltene Komplex stammt von Saarinen. Von Gesellius' Haus sind nur noch die Außenwände unverändert geblieben, der gesamte Innenraum wurde umgebaut. Lindgrens Heim brannte 1922 nach einem Blitzeinschlag ab. Saarinen bebaute die Fläche später nach eigenen Entwürfen neu. Er war es auch, der als letzter des Trios Hvitträsk verließ. 1923 wanderte Eliel Saarinen in die USA aus.

Ein Mix aus Kuppeln, Gewölben und Rundungen, aus Holz und Fliesen, aus Wandmalereien und Deckenornamenten ist in den Bauten von Hvitträsk zusammengeflossen und gibt ihnen das für die Nationalromantik typische Gesicht. Mit der Kombination der Baustoffe Holz und grob behauener Stein fügen sie sich in die umliegende Fels-, Wald- und Seenlandschaft ein. Festungsartig wirkt das Anwesen – mal wie eine mittelalterliche Rheinburg, dann aus einem anderen Blickwinkel wie ein nordamerikanisches Fort, aus wieder anderer Perspektive unerwartet klein und gemütlich wie eine Waldhütte. Das Architektentrio treibt sein Spiel mit den Betrachtern.

In den Glanzzeiten des märchenhaft-verwunschenen Bauwerks mit seinen innen wie außen ungezählten architektonischen Feinheiten gingen hier Maxim Gorki, Gustav Mahler und der finnische Jugendstilkünstler Akseli Gallén-Kallela ein und aus. Das Atelier der erfolgreichen Architekten galt als Treffpunkt vieler Intellektueller Nordeuropas.

So gigantisch der Hauptbahnhof ausfiel, so zurückhaltend gab sich Saarinen bei der Planung des eigenen Wohnbereichs von Hvitträsk. Immer wieder müssen sich die Besucher heute gebückt durch ebenso niedrige wie schmale Türrahmen zwängen, sich wundern über tief angebrachte Waschbecken, niedrige Decken und den geringen Stufenabstand auf den vielen Treppen. Verschachtelt führen sie in immer neue Raumfluchten hinein. Saarinen hat das Haus exakt auf seine Körpergröße hin geplant. Er wollte so seine Kleinwüchsigkeit kaschieren.

Am späten Nachmittag fällt das Sonnenlicht verzerrt vom Geäst der Bäume durch große Sprossenfenster in die Museumsräume von Hvitträsk und leuchtet sie geheimnisvoll aus. Kacheln und Lampen reflektieren die Strahlen und schicken sie kreuz und quer durch die Räume. Und während einige Besucher noch beisammen in der Ecke eines Raumes stehen und über die Gespräche im großen Freundeskreis Saarinens von Gallén-Kallela bis Gorki nachsinnen, wird Spuk in diesem merkwürdigen Licht und in der andächtigen Stille plötzlich vorstellbar.

Die Museumsführerin zischt einmal kurz

durch die Zähne und legt den Zeigefinger auf den Mund: leise! Alle horchen in die Stille des um diese Zeit fast menschenleeren Museums. Sie springt einen schnellen Schritt nach vorn, begleitet von einer ruckartigen Handbewegung, und macht ein ploppendes Geräusch mit den Lippen. Alle Umstehenden zucken zusammen. Sie lacht. »Spuk«, sagt sie und zuckt mit den Schultern.

Jeder Windhauch eines Wortes

Im Hundeschlitten durch die Winterwälder von Finnisch-Lappland

Als ob jemand mit den Fingernägeln über eine Schiefertafel kratzte. Ein widerliches Geräusch zerreißt die Stille – das Ächzen von Metall, das übers Eis gezogen wird, das Quietschen von zerrenden Eisenzacken im steifgefrorenen Boden. Mit vollem Körpergewicht stemmt sich Hundeschlittenführer Reijo Järvinen auf die Metallbremse zwischen den Kufen seines Schlittens. Er versucht sie so fest wie nur möglich in den schneebedeckten, gefrorenen Boden zu treten, um ein Gegengewicht zur unbändigen Kraft seiner tobenden Huskies zu setzen und dem Schlitten einen möglichst sanften Start in die Winterwelt zu bescheren.

Eben erst hat er das zehn Hunde starke Gespann losgebunden. Ungestüm haben die kältegewöhnten Tiere auf ihren Auftritt gewartet. Schon als er sie der Reihe nach ins Geschirr genommen hat, sprangen sie voller Bewegungsdrang und Vorfreude wild durcheinander. Immer wieder musste er die Seile sortieren, die Hundeleinen entknoten und die Huskies auf ihre jeweiligen Positionen zurückverweisen, ehe sie endlich sauber gestaffelt in Reih und Glied standen.

Nur Male bleibt seltsam teilnahmslos. Reijo

und seine Leithündin verstehen sich blind. Jeden Ansatz einer Bewegung registriert die sechs Jahre alte Male, jeden Windhauch eines Wortes in der eisigen Morgenluft.

Vorbereitungen zum Start einer Hundeschlittensafari vor den Toren von Ivalo in Nordfinnland.

In der Nacht war das Thermometer auf minus 18 Grad gefallen. Die Gesichtszüge gefrieren bei jedem Lächeln. Meterlange Eiszapfen klammern sich an die Dächer der rotbraun gestrichenen Holzhäuser. Die Zweige der Tannen beugen sich unter der Last des Schnees. Einen halben Meter hoch liegt er hier ungefähr auf halbem Weg zwischen der Lappland-Hauptstadt Rovaniemi und dem russischen Eismeerhafen Murmansk um diese Jahreszeit.

Auf dreieinhalbtausend Seelen bringt es Ivalo, auf ein paar kleine Hotels, auf eine Hand voll Outfitter für Wildnistouren und auf Supermärkte, in deren Regalen Moltebeerenmarmelade neben Pudelmützen und Rentierpastete neben Skistöcken und Motorschlittenöl liegt. In Lappland leben auf einem Drittel der Fläche Finnlands nur zweihunderttausend Einwohner – im Schnitt weniger als zwei pro Quadratkilometer.

Reijo ist mit seinen sechzehn Hunden auf einem Waldgrundstück acht Kilometer außerhalb von Ivalo zu Hause. Näher am Ort zu wohnen, wäre unmöglich. Allzu leicht schlagen die Tiere nachts lautstark an, wenn etwa ein Fuchs an den Zwingern vorbeischleicht. Beginnt einer der Hunde zu jaulen oder zu bellen, dann schwillt die Geräuschkulisse binnen Sekunden an. Wie bei einer Kettenreaktion fallen mehr und mehr Huskies in den stimmgewaltigen Chor ein, der meist so abrupt endet wie er eingesetzt hat. Direkten Nachbarn wäre eine solche Geräuschkulisse nicht zuzumuten.

Die Welpen holt sich Reijo immer wieder für ein paar Stunden in sein Wohnzimmer, um sie dort beim Spiel bereits auf sich zu prägen und gleichzeitig herauszufinden, wo ihre Talente stecken.

»Einen künftigen Leithund erkennst du schnell«, sagt der gut sechzigjährige Finne. »Er begreift schneller als die anderen, verinnerlicht deine Kommandos sofort, denkt spürbar mit und löst aus eigener Kraft Probleme. Verheddert sich ein Hund des Gespanns in seiner Leine, kann er sich aus eigener Kraft kaum befreien. Ein Leithund agiert nicht hektisch, sondern scheint planvoll vorzugehen. Er dreht und wendet sich in einer solchen Situation so geschickt, dass er sich selbst befreien kann.«

Während Reijo die bellenden Hunde zur Ruhe ruft und die verordnete Stille keine halbe Minute anhält, schweigt Male und wedelt freundlich mit dem buschigen Schwanz. »Nicht Kraft, sondern Köpfchen zeichnen sie aus. Sie ist cleverer als alle anderen zusammen«, erzählt Reijo. Er streichelt für ein paar Sekunden den graumelierten Kopf seiner Husky-Chefin und klopft ihr lobend auf die Brust. Male ist der schmächtigste Hund des Gespanns – und wird von allen anderen als Anführerin akzeptiert.

Knappe Kommandos dampfen in der Kälte aus Reijos Mund – klare Befehle für Male, die in derselben Sekunde antrabt, in der der Schlittenführer den Fuß von der Bremse nimmt. Kräftig treten sich die Tiere ab, schleudern beim Antritt mit den Hinterbeinen Schnee in die Schlittenwanne, in der es sich die zwei Passagiere dieser Fahrt auf Rentierfellen bequem gemacht haben.

Reijo steht hinten auf den Kufen und dirigiert das Gefährt durch Gewichtsverlagerungen über schmale Waldwege und über das Eis zugefrorener Flüsse. Immer wieder muss er den Schlitten mit vollem Körpereinsatz in die richtige Kurvenlage bringen. Unentwegt kommuniziert er mit Male, weist mit leisen Kommandos den Weg nach rechts oder links, lässt beschleunigen oder mahnt zur Tempominderung. In kritischen Momenten tritt er die Metallbremse ins Eis, um die Geschwindigkeit zu drosseln. Sollte eine Notbremsung nötig werden, müssen die Passagiere einen bereitliegenden Metallanker aus der Schlittenwanne schleudern, der sich zwischen den Baumstämmen am Weg verfangen soll. Der Schlitten kentert zwangsläufig. Und kommt genauso zwingend zum Stillstand.

Geht es bergauf, dann springt Reijo ab und schiebt ihn an, um seinen vierbeinigen Lebensgefährten die Knochenarbeit zu erleichtern. Hunde und Schlittenführer sind Partner, ein aufeinander eingespieltes Team. Anders als in der Arktis werden die Hunde in Skandinavien nicht als halbwilde Nutztiere betrachtet und entsprechend auch nicht mit der Peitsche gebändigt. Harte Züchtigung würde das Verhältnis zu den sensiblen und liebebedürftigen Tieren zerrütten.

Male trabt entspannt voran. Ihre Leine steht nicht einen Moment lang unter Spannung, sondern hängt durch. Die Knochenarbeit bleibt den muskulösen Tieren im Gefolge überlassen, die teilweise Geschwister aus demselben Wurf sind.

Eisig bläst den Passagieren der Fahrtwind ins Gesicht, während die verschneiten Tannen und Birken links und rechts immer schneller vorbeirauschen. Die Hunde haben ihren Rhythmus gefunden, während der kurze Tag schon wieder zu Ende gegangen ist. Nur noch schemenhaft gleiten am Schlitten die Konturen einzelner Baumstümpfe und Felsen unterm Schneemantel vorbei, während sich das Milchstraßenband schon am Nachmittag seltsam klar über den Himmel spannt. Neuschnee ist gefallen und knirscht unter den Kufen.

Fast unmerklich haben die Hunde immer stärker beschleunigt, während Reijos Kommandos immer seltener wurden: »Sie kennen den Weg. Sie wissen, dass es jetzt nach Hause geht – und dass dort das Futter auf sie wartet«. Kein Schiefertafelkratzen, keine Metallzacken im Eis beim Halt vorm heimischen Hof. Was ungestüm begann, läuft sanft aus. Und wie wenn ein Dirigent seinem ersten Geiger mit Handschlag dankt, streichelt und klopft Reijo seine Leithündin. Male revanchiert sich mit einem freundlichen Nasenstupser.

Rentier-Achterbahn am Polarkreis

Winterausflug im Weihnachtsmannstil: unterwegs per Rentierschlitten

Mehr als ein Jahr, erzählt Rentierzüchter Pertti Maununiemi, hat er gebraucht, um Jussu zu dressieren: ein Paraderentier, schön wie Rudolph the Rednose Reindeer vom Cover der Weihnachtslieder-CD, mit respekteinflößendem Geweih und graubraunem Flauschfell wie die Tiere vorm Schlitten des Weihnachtsmanns. Genauso wie man sich in schönsten Kinderträumen und lebhaftester Erwachsenenfantasie ein hochherrschaftliches Prachtexemplar dieser Gattung vorstellt. Eines, das der hohen Verantwortung gerecht wird, einmal im Jahr mit Bimmelglocke um den Hals vor Santa Claus und den Geschenken herzutraben und die ganze Fuhre auf dem Schlitten über den Nachthimmel zu zerren. Dieses Tier war nicht für die Pfanne, war nicht einem schnellen Ende als Rentiergulasch am Lagerfeuer irgendeiner Motorschlitten-Ausflugsgruppe geweiht. Pertti hat das sofort gemerkt.

Jussu ist schon als Kalb das Lieblingsfotomotiv der Touristen gewesen, die jeden Winter bis in den April hinein Pertti Maununiemis Rentierfarm bei Rovaniemi in Lappland besuchen. Dieses Tier, war er sich sicher, würde dem Geschäft mit den Rentierschlittenfahrten wieder auf die

Sprünge helfen. Bei so einem Prachttier vor der Kufenwanne könnte keiner widerstehen, und jeder würde gerne nach Lachssuppe am Lagerfeuer im Lappenzelt und Fotostopp am Gehege noch ein paar Extra-Euro in die romantische Runde durch das Tannenwäldchen am Grundstücksrand investieren …

Zwischen November und Ostern kommen an derzeit drei Tagen pro Woche Urlaubergrüppchen auf Halbtagestour den Hof besuchen, um dort nordische Schneeromantik und urtümlichen Winteralltag zu erleben. Die restlichen vier Tage kurvt Pertti mit seinem Motorschlitten draußen in der menschenleeren Wildnis umher, treibt die Herde der halbwilden Tiere zusammen, kümmert sich um kranke Rens.

Keiner erwartet von einem Rentier, dass es Rechenaufgaben löst oder auf einem Seil balanciert – auch nicht, wenn es mehr als ein Jahr lang dressiert wurde. Aber wenigstens Geradeauslaufen und das am besten in gleichmäßigem Trab – so viel sollte schon drin sein. Oder wie ein Pony auf Schnalzen reagieren oder Ziehen am Zügel als freundliche Geste auffassen, die zum Bremsen anregen soll. Was immer Pertti seinem Vorzeigerentier während des Ausbildungsjahres beigebracht hat: Wenn Besuch kommt, hat Jussu regelmäßig alles vergessen.

Sobald die Gäste auf dem Schlitten sitzen und der Rentierbock losgebunden ist, erinnert er sich nur noch daran, dass er eigentlich ein wildes Tier ist. Im Schweinsgalopp geht es durch den Wald mit den hüfthohen Tannen, die auf flüchtige Kollisionen mit dem Schlitten und unbeabsichtigte Armstöße der kreischenden Passagiere noch recht nachgiebig reagieren. Problematisch wird es erst, wenn Jussu Kurs auf den Birkenhain hinterm Haus nimmt. Im Flugzeug wäre das der Moment, wo man sicherheitshalber schon mal nach der handlichen Tüte in der Sitztasche mit dem nichtssagenden »Please-help-yourself«-Aufdruck hangelt.

Der Weihnachtsmann hätte zu diesem Zeitpunkt bereits ein gutes Drittel der Geschenke in der Tannenschonung verloren und wäre am 24. Dezember in Erklärungsnot geraten. Heute macht das nichts. Schließlich geht es um ein typisch nordskandinavisches Wintererlebnis, und was hier typisch ist, entscheidet das Rentier.

Jussu donnert ungebremst weiter über den schneebedeckten Waldboden. Der Schlitten rempelt die Birken. Die zwei Passagiere dieser Fuhre klammern sich an die Kufenkiste und kreischen immer noch, während das Tempo erstmal gesteigert wird. In Freizeitparks müssen für Millionensummen riesige Achterbahnen gebaut werden, wo die Menschen stundenlang Schlange stehen, um endlich einmal vergleichbar zu kreischen und ähnliches Wohlempfinden zu genießen. Jussu schafft das für ein paar Kilo Trockenfutter als Gegenleistung.

Die touristische Seite des Rentierzüchter-Jobs ist für Pertti und seine Zunftkollegen rund um Rovaniemi angenehm unkompliziert. Fast alle öffnen ihre Höfe für Fremde. Sie können so schnelles – dringend benötigtes – Geld fast nebenbei erwirtschaften. Der rundliche Pertti liebt es obendrein, sich Winterurlaubern in seiner traditionellen Kluft zu zeigen und von dem Beruf zu erzählen, den er bereits von seinem Vater geerbt hat.

Jussu rast, als hinge das wirtschaftliche Überleben der Rentierfarm einzig von seinem Tempo ab. Nicht nur, dass der Schlitten in jeder neuen Kurve endgültig aus der Bahn fliegen könnte, auch die angekarrten Bäume lassen vor Schreck erstmal ihre Schneehauben in die Schlittenwanne krachen, was kurzzeitig den Blickkontakt zur Rückseite des Rentiers vernebelt.

Glücklicherweise ist Jussu an diesem Tag schon ein paar Mal routinemäßig Amok gelaufen, so dass das Tempo sich nach achthundert Metern deutlich mäßigt. Die Kondition lässt nach. Die Geschwindigkeit wird erträglich – so wie auf der Achterbahn, wenn man den dritten Looping hinter sich gelassen hat und die letzten paar Schleifen nur noch eingebaut sind, damit die Fahrt nicht gleich wieder zu Ende ist.

Irgendwann ist der Ausgangspunkt der Tour über den Rundkurs erreicht. Pertti springt dem Bock in den Weg, greift nach dem Zügel, stoppt das Tier, das gerade beschlossen hatte, durchzustarten und nach sonstwohin weiterzutraben.

Gemächlich klopft der Mann in der Rot und Blau abgesetzten Traditionskluft der Samen das brave Tier, löst den Schlitten, bindet Jussu wieder abseits an einer Birke fest und ist zufrieden: alle heil zurück.

Nie darf man einen Züchter fragen, wieviele

Tiere er besitzt. Das ist höchstes Betriebsgeheimnis – sein Erspartes quasi. Pertti startete am Lagerfeuer die Gegenfrage: »Sag erst, wieviel du auf dem Konto hast!« Die Antwort verblüffte ihn nicht mal: »Nichts, im Moment keinen Pfennig.« »Siehst du«, antwortete er, »und ich habe kein einziges Rentier.«

Was mag er dem Wildnis-Rotnasenrudi in dem Lehrjahr beigebracht haben? Vielleicht doch Mathematik. Oder Lesen. Nichts, das ist die Erkenntnis der Rennrunde, was irgendwie mit herkömmlicher Schlittenfahrtradition zu tun hat. Kollege Pony zu Hause auf dem Reiterhof ist einfacher zu handhaben, dafür vielleicht nicht ganz so temperamentvoll. Aber schön war's. Im Nachhinein jedenfalls. Und sehr naturverbunden – denkt man, wenn man sich den Birkenschnee langsam aus der Kapuze klopft. Was bleibt? Mehr Respekt vorm Weihnachtsmann, dem alten Teufelskerl. Wenn der sich so über den Himmel scheppern lässt und trotzdem an jedem Schornstein noch bei klarem Verstand ist, die richtigen Geschenke in den Schlot schleudert und anschließend an der Haustür beim Fotostopp gütig lächelt, dann muss er eine Superkondition und viel Geduld haben. Alle Achtung.